/ 100 位

为新中国成立作出突出贡献的英雄模范人物/

李 大 钊

吕　岗/编著

★

吉林出版集团 ｜ 吉林文史出版社

图书在版编目（CIP）数据

李大钊 / 吕岗编著. -- 长春：吉林文史出版社，
2011.4（2024.5重印）
（100位为新中国成立作出突出贡献的英雄模范人物）
ISBN 978-7-5472-0547-1

Ⅰ.①李… Ⅱ.①吕… Ⅲ.①李大钊（1889～1927）—
生平事迹 Ⅳ.①K827=6

中国版本图书馆CIP数据核字(2011)第050724号

李大钊

LIDAZHAO

编著/ 吕岗

选题策划/ 王尔立　责任编辑/ 王尔立

装帧设计/ 韩璘

出版发行/ 吉林文史出版社

地址/ 长春市福祉大路5788号　邮编/ 130118

电话/ 0431-81629363　传真/ 0431-86037589

印刷/ 天津海德伟业印务有限公司

版次/ 2011年4月第1版 2024年5月第8次印刷

开本/ 640mm×920mm　1/16

印张/ 9　字数/ 100千

书号/ ISBN 978-7-5472-0547-1

定价/ 29.80元

《100位为新中国成立作出突出贡献的英雄模范人物》丛书

★★★★★

编 委 会

100位

为新中国成立作出突出贡献的英雄模范人物

八女投江	于化虎	小叶丹	马本斋	马立训	方志敏
毛泽民	毛泽覃	王尔琢	王尽美	王克勤	王若飞
邓 萍	邓中夏	邓恩铭	韦拔群	冯 平	卢德铭
叶 挺	叶成焕	左 权	诺尔曼·白求恩		任常伦
关向应	刘老庄连	刘伯坚	刘志丹	刘胡兰	吉鸿昌
向警予	寻淮洲	戎冠秀	朱 瑞	江上青	江竹筠
许继慎	阮啸仙	何叔衡	佟麟阁	吴运铎	吴焕先
张太雷	张自忠	张学良	张思德	旷继勋	李 白
李 林	李大钊	李公朴	李兆麟	李硕勋	杨 殷
杨子荣	杨开慧	杨虎城	杨靖宇	杨闇公	萧楚女
苏兆征	邹韬奋	陈延年	陈树湘	陈嘉庚	陈潭秋
冼星海	周文雍、陈铁军夫妇		周逸群	明德英	林祥谦
罗亦农	罗忠毅	罗炳辉	郑律成	恽代英	段德昌
贺 英	赵一曼	赵世炎	赵尚志	赵博生	赵登禹
闻一多	埃德加·斯诺		夏明翰	格里戈里·库里申科	
狼牙山五壮士		聂 耳	郭俊卿	钱壮飞	黄公略
彭 湃	彭雪枫	董存瑞	董振堂	谢子长	鲁 迅
蔡和森	戴安澜	瞿秋白			

前 言

　　每个人的心中都多少有一点英雄情结，都向往英雄、景仰英雄。也正因此，在中华人民共和国建国六十周年之际，由中央十一部委联合组织开展的"100位为新中国成立作出突出贡献的英雄模范人物和100位新中国成立以来感动中国人物"的评选活动中，群众参与投票总数近一亿。这其中的每一张选票，都表达了人们对英雄模范的崇敬之情，寄托着对伟大祖国的美好祝福。

　　一个民族不能没有英雄，否则这个民族就不会强大。当国家危难之时，懦弱者选择了逃避、妥协甚至投降，英雄们却挺身而出，用热血捍卫民族的尊严，人民的幸福。在创立和建设新中国的伟大历程中，涌现出无数可歌可泣的英雄模范人物。他们之中，有为了民族独立和人民解放而英勇牺牲的革命先烈，有为了党和人民的事业而不懈奋斗的优秀共产党员，有在全民族抗战中顽强奋战、为国捐躯的爱国将士，有英勇杀敌的战斗英雄和革命群众，有积极从事进步活动的著名民主爱国人士和国际友人……他们是民族的脊梁、祖国的骄傲，是激励全体人民团结奋斗的精神力量。

　　《100位为新中国成立作出突出贡献的英雄模范人物传记》丛书，就像一部星光璀璨的英雄谱，真实、完整地记录了英雄模范人物不平凡的一生，再现了他们非凡的人格魅力和精神世界。"头颅可断腹可剖"的铁血将军杨靖宇，"毫不利己，专门利人"的白求恩，"抗战军人之魂"张自忠，"砍头不要紧"的夏明翰，"俯首甘为孺子牛"的文化斗士鲁迅……一串串闪光的名字，一个个动人的故事，犹如群星闪烁，光耀中华。

　　如今，战火已熄，硝烟已散，英雄已逝，我们沐浴在和平的幸福之中。在和平年代，人们不会忘记为今日的和平浴血奋战的英雄们，英雄的故事永远不会结束。让我们用英雄的故事唤醒我们心中的激情，为中华民族的伟大复兴而奋斗。

生平简介

李大钊（1889-1927），男，汉族，河北省乐亭县人，中共党员。

李大钊是中国共产党主要创始人之一。俄国十月革命胜利后，他相继发表《法俄革命之比较观》、《庶民的胜利》、《布尔什维主义的胜利》、《我的马克思主义观》等文章和演说，阐述十月革命的意义，成为我国最早传播马克思主义的人。1920 年 3 月，在北京大学组织中国第一个马克思学说研究会。同年秋，他又领导建立了北京的共产党早期组织，并与在上海的陈独秀遥相呼应，积极筹备建立中国共产党。中国共产党成立后，负责党在北方的全面工作。在党的"三大"和"四大"上当选为中央委员。1924 年 1 月，作为大会主席团五位成员之一，出席了国共合作的国民党第一次全国代表大会，参加大会宣言的起草等工作，为实现国共合作作出了重要贡献，当选为国民党中央执委会委员。此后，担负国共两党在北方的实际领导工作。1926 年 3 月，在极端危险和困难的情况下，领导并亲自参加了北京人民反对日、英帝国主义和军阀张作霖、吴佩孚的斗争。1927 年 4 月 6 日，张作霖勾结帝国主义，在北京逮捕李大钊等八十余人。在狱中，他备受酷刑，始终大义凛然，坚贞不屈。4 月 28 日，李大钊等二十位共产党员和革命者在西交民巷京师看守所内被施以绞刑，英勇就义。

1889-1927

[LIDAZHAO]

◀李大钊

目 录 MULU

■ **铁肩妙手映丹青（代序）** / 001

■ **伶俐的"憨头"（1889-1904）** / 001

爷爷的启蒙 / 002
孤苦凄凉的身世，让李大钊自幼在知书达理的
爷爷的抚养、教育中长大。爷爷的启蒙为他带
来一生的影响。

0-6岁

7-15岁

严格的家教 / 007
私塾的苦读，爷爷严格的家教，使李大钊从小
练就了顽强执著的不屈性格。

■ **青年锐进之子（1905-1915）** / 011

寻求救国真理 / 012
"感于国势之危迫，急思深研政理，求得挽救
民族、振奋国群之良策。"民族的出路何在？来
天津求学的李大钊在苦苦求索。

16-23岁

留学日本 / 017
24岁
1913年，李大钊在日本，接触到各种社会主义学说。

反对"二十一条" / 022
1915年，日本向中国提出"二十一条"要求，意欲独占中国的权益。李大钊忧心如焚，奔走呼号，积极联络留日学生奋起反抗。
26岁

反袁斗争 / 025
26岁
认识到袁世凯投靠日本帝国主义、阴谋恢复帝制的丑恶嘴脸，李大钊先后发表了许多文章，猛烈地抨击了袁世凯的罪恶行径。

■**中国最早的马克思主义者（1916 – 1925）** / 029

回国办报 / 030
怀着再造中华的伟大抱负，李大钊以《晨钟》报为阵地，引领着国民。
27岁

在北京大学引导青年 / 035
1918年，李大钊应聘到北京大学，任图书馆主任一职，因此有"中国近代图书馆之父"的殊荣。同时传播马克思主义，鼓舞无数的爱国青年。
29岁

五四运动 / 054
1919年，在巴黎和会上，中国政府的外交失败，北洋政府竟准备在"合约"上签字，闻讯之后，李大钊又积极引领爱国青年投入到战斗中。
30岁

32岁

索薪斗争与争取教育经费的斗争 / 058

教育部连续拖欠各校经费，学校工作难以继续，教职员生活发生困难。李大钊挺身而出，终于取得完全的胜利。

"南陈北李"相约建党 / 063

1920年初，李大钊与陈独秀相约，在北京和上海分别活动，筹建中国共产党。李大钊还在北京多次会见共产国际代表，商讨筹建中国共产党。1921年7月，中国共产党第一次全国代表大会召开，宣告中国共产党成立，从此中国革命的面貌为之一新。李大钊和陈独秀成为中国共产党的主要创始人。

32岁

促进国共合作 / 072

1922年8月，中共中央在杭州西湖召开特别会议，李大钊坚决支持共产国际的指示，主张建立共产党和以孙中山为代表的国民党的联合战线，主张共产党员参加到国民党中去……

33岁

领导北方革命运动 / 079

党的"一大"后，李大钊代表党中央负责指导北方地区的工作。1924年底，他担任党的北方区委执行委员会书记。在他的领导下，北方党组织派出很多同志在京、冀、晋、鲁、豫、陕、内蒙古和东北等广大地区创建党组织，在北方地区掀起了轰轰烈烈的革命运动。由李大钊领导建立的北方地区党组织，对北方地区大革命高潮的掀起以及后来土地革命运动与抗日运动的兴起，起了重要的组织和领导作用。

32-35岁

苏联之行 / 090
俄罗斯国家社会政治历史档案馆里，长期保留着一段李大钊于1924年9月22日在莫斯科国家大剧院发表讲演的电影镜头。这是李大钊参加共产国际第五次代表大会时发表的讲话，当时，在中国的政治形势下，一切并不是一帆风顺的。

35岁

李大钊日常生活 / 095
李大钊注重从小培养孩子们吃苦耐劳的习惯，他对孩子们说："将来谁也不能当寄生虫，谁要是不劳动，谁就没有饭吃！"而且他很尊重孩子。

■**坚持斗争 从容就义（1926-1927）** / 099

黑云压城 / 100
1926年4月，直奉鲁豫联军荷枪实弹、杀气腾腾地开进了北京。联军随即公布的治安条例里特别规定："宣传赤化，主张共产，不分首从，一律死刑。"而李大钊仍坚持在革命的第一线。

37岁

目光和悦，慨然赴死 / 107
面对敌人的威逼利诱，李大钊选择的是坚持正义，用生命谱写了伟大的历史篇章。

38岁

■**后记 精神永存** / 124

铁肩妙手映丹青(代序)

　　1913 年，李大钊东渡日本留学。身处异国他乡的李大钊直接感受到了辱国之耻和败国之痛。第一次世界大战后，日本公然出兵我国山东，又以支持袁世凯复辟为条件，提出灭亡中国的"二十一条"，遭到中国人民的强烈反对和奋起反抗。在日本留学的李大钊立即奔赴各地，组织留日学生，成立"留日学生总会"，发表宣言，公开树起反日反袁的大旗。在此期间，他编印了《国耻纪念录》，撰写了《国民之薪胆》、《警告全国父老书》等反日讨袁檄文。

　　五四运动高潮过后，封建军阀与帝国主义相勾结，加紧了对中国人民的压迫，加紧了对新文化运动的破坏。封建复古势力从一蹶不振中昂起头来，对新文化运动发动猖狂的反扑。社会黑暗到了极点。

　　针对这种现实和精神状态，李大钊大声疾呼，振奋起雄健的民族精神，在严重的历史关头，在艰难曲折的道路上，树立起冲破险阻的必胜信心，企望动员更多的人投身于救国救民的伟大事业，使救国的事业变成全民的事业。

　　李大钊所生活的时代，正是帝国主义、封建主义双重压迫时期，国人在愚昧、迷信、谬误盛行、混浊不堪的精神世界中生活。在此国情下，他号召要树立"真理之权威"的信念，他已明确认识到，坚持真理一定遭到黑暗势力的"厌绝"，抛弃真理，就能受到黑暗势力的"优容"，即使如此，他也宁愿遭到"厌绝"而不

"附和唯阿"而得到"优容"。他为真理不怕鬼、不信邪，和反动政府黑暗势力作斗争的大无畏精神，使他最终找到了马克思主义。

李大钊不但探寻、宣传、坚持真理，而且致力于马克思主义与中国实际相结合。为了践行马克思主义的理论，李大钊创立中国共产党，并领导党开展社会主义运动。李大钊的革命活动，使敌人仇恨、胆寒，并置于死地而后快。1927 年，李大钊被捕，为了党的事业，民族的大义，他献出了年轻的生命，和无数民族英雄、革命先烈一样，表现出高尚的人格和革命气概。

李大钊是北京大学的教授、是文人、是学者。作为文人、学者他具有中国知识分子的傲骨和高尚人格。"铁肩担道义，妙手著文章"既展现了他的社会责任感，也展现了作为革命知识分子的道德风范。铁肩担道义中的"道义"，既是事物特别是社会发展的规律，又是社会发展的方向和道路。李大钊找到真理，成为中国第一个伟大的马克思主义先驱以后，就承担起研究宣传马克思主义关于社会发展规律学说任务。深刻认识十月革命性质和目的的基础，热情宣传、歌颂十月革命的伟大意义。

我们虽然远离了李大钊生活的时代，但依然感到他短促的生命的伟大，依然感到他的历史眼光的深远、思想价值的珍贵和革命道德的崇高！他所开创的事业正兴旺发达，他所献身的中国正繁荣昌盛、如日中天，他为理想而献身的英雄气概和伟大精神成为不朽的永恒。

伶俐的"憨头"

（1889－1904）

→ 爷爷的启蒙

★★★★★

（0—6岁）

　　静静的滦河越过燕山，流到河北省乐亭县东南入海，离乐亭县城东南约 18 公里处，渤海边上有个大黑坨村。革命先驱李大钊就诞生在这里。

　　大黑坨村东面是一片大海滩，海岸边绿绿葱葱的盐茜草，好像一条绿缎带围绕着碧蓝的海水。站在村北的旷野里向远处瞭望，渔帆点点，隐隐约约地可以看到高耸入云的碣石山。海、山的胜景尽收眼底，这真是得天独厚的福分。但在那个苦难的年代，水患频繁，给乐亭人民群众带来了深重的灾难，所以闯关东做买卖成为乐亭

△ 青少年时期的李大钊

人的主要谋生之道，李大钊的继祖父就曾在长春万宝山等地经营过杂货铺。他叫李如珍，也是一位读书人，并且有过九品的官衔。李如珍没有儿子，所以他过继了他二弟李如珠的二儿子李任荣为子，李任荣就是李大钊的父亲。

李任荣不仅聪明好学，而且写得一手好字，是当时大黑坨村附近屈指可数的人才。只可惜这位才子身患严重肺病，不幸家乡又发生了地震。地震发生当晚，从睡梦中惊醒的李任荣急忙奔出门外，一口气跑回家，把母亲背出屋门，可自己却连劳累带惊吓，加重了病情，年纪轻轻就过早地去世了，在李任荣去世后七个月，李大钊降生了。家人为其取乳名憨头。然而更加不幸的是，李大钊的母亲周氏因丈夫早逝，忧虑成疾，在生下李大钊不满 16 个月后，也撒手人寰。

还不满 2 周岁的李大钊成了一个孤儿，只能依靠他六十多岁的爷爷李如珍抚养长大。对于这段坎坷的童年经历，李大钊曾在《狱中自述》中这样回忆："在襁褓中即失怙恃，既无兄弟，又鲜姊妹，唯一垂老之祖父教养成人。"正是孤苦凄凉的身世，使在艰辛中长大的李大钊，从小练就了顽强执著的不屈性格。

李如珍老人知书达理，为人忠厚耿直，这对李大钊的性格形成影响很大。他把全部的心血都倾注到对李大钊的培养上。在李大钊 3 岁时就开始教他识字读书。四五岁时就已能熟读《三字经》、《千字文》、《百家姓》等启蒙读物。到了五六岁时，李大钊已经有了过目不忘的本领，被村里的人喻为神童。

每天早晨梳洗完毕之后，爷爷把红漆小桌擦得锃亮锃亮，往炕上一放，孙子就知道学习的时候到了。他连忙把书本、笔墨、砚台摆在炕桌上，开始学习。就在这一瞬间，全家的气氛跟着严肃起来，孙子就百依百顺听从爷爷指挥。可是学习刚一结束，把书本一合，孙子就要把爷爷弄得脚尖朝天。他叫爷爷取这个，爷爷不敢取那个。爷孙俩尽情地玩。

小孩子没有不贪玩的。一天到晚一直叫他坐在那儿端端正正地读书写字，是不可能的。有时李人钊读书读累了，便把手偷偷地伸到桌子底下跟大狸猫玩起来，一会儿揪猫耳朵，一会儿摸猫爪子。这时，如果被爷爷发现，他就知道孙子累了，走神了。爷爷抬头看看太阳，也该是孙子休息的时候了，就说："到外面玩玩去吧，不要到庙后头去看赌钱，在咱家院子里玩什么都可以。"孙子答应一声："是！"就跑掉了。

估摸时间到了，李大钊转回房里继续学习。在爷爷的教育下，他刻苦学习，进步很快。上学时，他受到了乡邻亲友和私塾先生的赞扬。

李大钊由他的第一位私塾老师单子鳌为他起的学名，叫李耆年，字寿昌，希望他能长寿。1913 年李大钊东渡日本时，他依《方言》中的"钊，远也，燕之北部曰钊"，改名为李大钊，字守常，以表明自己救国救民的远大抱负。当时在私塾里，李大钊年龄最小，成绩却最好，由于他进步很快，三年后，私塾先生既高兴又惭愧地对李如珍说："耆年这孩子学业良好，进步很快，我教不了他啦，您另请高明吧！"他后来经常对学生们说："我教了一辈子书，有一个最得意的学生就是李大钊，你们要努力读书好好向他学习！"后来李大钊又先后转入张家私塾和宋家书馆读书，一共经过了九年的私塾学习。李大钊学习非常勤奋，为以后从事革命工作打下了良好的治学基础。他的老师黄宝林对他就有过这样的评价："嗜读书手不释卷，博闻强记，品学兼优。"当时在宋家私塾读书时，有一次他的老师黄玉堂讲起了洪秀全起义的故事，李大钊听了，坚定地说："我长大了，也要效法洪秀全，推翻满清皇帝。"

→ 严格的家教

（7—15岁）

当时，村子的东面有个大母庙，经常聚着一群游手好闲的赌徒，他们最常用的赌博方法叫扔坑。这些人，再加上围观的，每天都是黑压压一片。李如珍对此深恶痛绝，痛骂这些人不思进取，败坏民风，他更是常常教训对之期望至深的孙子："憨头啊，你千万不要到大母庙去看热闹，那些人会把你带坏的。"

李大钊上私塾后，老人家放心不下，每天私塾放学的时候，他就在家门口望着那条通向私塾的小路。一天，爷爷把饭菜整整齐齐地摆在饭桌上，等李大钊回家吃饭，可左等不来，右等也不来，老人有点坐不住了，就拄着拐棍沿着小路去接孙子。走到大母庙附近，只见一群人正在起劲地扔坑，四周又有很多看热闹的。突然，他从围观的人群中看到了孙子那摇晃着的小脑袋，一句话也没说，气哼哼地回了家。

过了一会儿，李大钊蹦蹦跳跳地回来了，一进门就先叫人："爷爷。"

爷爷的脸沉得像阴天，说："吃饭去。"

等李大钊吃完饭，老人把他叫到跟前，严厉地问道："为啥回来晚了？"

"在大母庙看扔坑来着。"李大钊轻声地说。

"看扔坑热闹不热闹？"

"热闹。"

爷爷狠狠地瞪了孙子一眼说："是不是比在家里闷头看书热闹得多呀？"

李大钊知道自己犯错了，低下头，只用小手揉着衣角，等着爷爷的狂风暴雨。过了一会儿，爷爷生气地说："我嘱咐你的话就白说了吗，

△ 李大钊故居

不让你往那里凑，你偏去，看我今天不好好惩罚你，去，到厢房拿把木杈，上房顶翻麻去。"

房顶上厚厚密密地晒着麻，一个7岁的孩子翻起来很吃力，正值暑天，太阳炙烤着，又热又累，不一会儿，李大钊就汗流浃背，连举杈子都费劲儿了。

表姑看到孩子的可怜样，心疼得不得了，就向老人求情，爷爷的脸还板着，其实，老人家早就心疼得要命，早就等着他们求情了。

顺着表姑的话，爷爷说："嗯，行了，下

来吧。"

等李大钊气喘吁吁地下来，老人赶紧拿块毛巾给他擦汗，接着问："累不累?"

"累。"

"去歇歇吧，往后好好学习再也不要去看热闹，看多了会学坏的。"

晚上，爷爷又把村里赌徒的丢人事讲给孙子听，其中许多惹人笑的事，孙子笑，爷爷也笑，一片乌云也在笑声中散去了。从此，李大钊再也没有看过别人赌钱。

青年锐进之子

（1905－1915）

⊖ 寻求救国真理

★★★★★

（16—23岁）

1905年9月，李大钊考入了永平府学堂，成为中国沿用了一千三百多年科举制的最后一批考生之一，又是中国推行新学堂的第一批学生之一。在永平府中学堂李大钊开始接触西学，每次考试都名列前茅，是当时学校出名的好学生。在这个新式学堂里，他开始接触新学，阅读了康有为、梁启超等人的著作，开阔了眼界。他积极汲取先进思想，他的同学韩湘亭曾这样回忆说："受课之余，最喜康梁文字，手把一编，日无暇息。"

李大钊在永平府中学堂学习两年多的

时间，当时国家的危亡局势和社会黑暗状况深深激发了他的爱国热忱，随学识的增长，他认识到只有潜心研究政治才是寻找真理和实现伟大抱负的根本途径。因此，在1907年夏天，李大钊利用假期到天津求学，当时天津有三所学校正在招生，一是天津北洋法政专门学校，二是长芦银行专修所，三是北洋军医学院。李大钊本是为"深研政理，求得挽救民族，振奋国群之良策"而来，所以他毅然选择考取了法政学堂。

▽ 永平府中学堂部分师生合影，前排左四为李大钊。

当时，关心国家命运的李大钊一方面刻苦学习，一方面积极参加各种社会活动。李大钊入校后不久，便参加了北洋法政学会，并与郁嶷一同担任编辑部长。在学校，李大钊经常写文章发表政见，"其文章浑厚磅礴为全校之冠"，被誉为"北洋三杰"之一。1911年，辛亥革命爆发。北方革命党人发动了滦州起义，但不久失败，起义军重要领导人白亚雨英勇就义，临刑时，他立而不跪，视死如归，所表现出的革命英雄气概给李大钊留下了深刻的印象。辛亥革命虽然推翻了封建专制王朝，但建立起的民国很快为袁世凯所窃夺。时隔不久，李大钊写下了《隐忧篇》、《大哀篇》等文章，揭露了在所谓共和体制下民权的丧失，人民的苦难。对共和国的命运感到"隐忧"。这分别以"隐忧"和"大哀"为标题的文章可以说是他的政见宣言书。前一篇为国家面临的困境而忧；后一篇为人民大众痛苦的命运而哀。

李大钊在天津读书六年，期间潜心研究政治，为以后发展奠定了良好的治学和思想基础。

1912年9月，昌黎火车站人群喧嚷，小贩在高声叫卖着。站台上不时有趾高气扬的日本兵在走来走去。这时，一个满脸油污的小贩不小心轻轻擦了日本兵的衣襟一下，那日本兵勃然大怒，一把揪住小贩，操着生硬的中国话吼道："臭贩子，

△ 昌黎五峰山碣石岭上的李大钊塑像

敢挡老子的路！"说着，举起拳头朝小贩的脸上狠狠砸去……

小贩一声惨叫，身子随即倒了下去，一筐水果撒了一地。过路的中国人都敢怒不敢言，恰好，值班的铁路巡警杨桐秋这时走了过来，见到一个中国人被日本兵打倒在地，赶紧走过来扶起小贩。

日本兵见状，狠狠地斜了杨桐秋一眼，拿起枪来照他的后背就是一枪把子，后面的日本兵也上来，把他按倒在地，挥拳就打。杨桐秋一边厮打，一边吹响警笛，好不容易挣脱出来，向站台的警局跑去。听到警笛的巡长刘长忠和其他路警也跑了过来，但他们没有莽撞行事，而是回到警局商量怎么处理这件事。但是，嚣张的日本兵聚起一群，闯进警局，拔出战刀，狠狠地向巡长挥去。他们又疯狂地举起枪向眼前的路警扫去，五位路警顷刻间倒在了血泊中……

此时，李大钊与好友来到高耸入云的五峰山，走在山上，脚下掠过一片片白云，犹如人间仙境。站在山顶俯视，一望无际的渤海上碧波万顷，水天相接，海空一色。优美的自然风光让李大钊心旷神怡、踌躇满志，憧憬着中国美好的未来。然而，昌黎车站的消息传来，李大钊急忙和朋友来到昌黎地藏寺，冰冷的棺木让坚强的李大钊落泪了，面对五位牺牲者的灵柩，李大钊默默无语，他深深鞠了一躬，随即愤然而去。当日，李大钊就写了长信，要求当局严惩日本兵。又夜以继日地撰写文章，揭露日本人的暴行。他说："山盟海誓，与日寇不共戴天，就像那块碣石一样！"

几天后，昌黎车站受难者的家属、同事及悲愤的市民为死难的路警举行葬礼，阴沉沉的天像巨石一样压在人们身上。沉重的心情让李大钊又一次泪眼模糊，猛然间，他蹲下身子，右拳重重地击在台阶上，殷红的鲜血染红了坟前的一片鲜土……

目睹清朝腐败，帝国主义掠夺后的凄凉景象，李大钊感慨万千，写诗抒发他热爱祖国，同情人民的胸怀和对帝国主义侵略的愤慨。而血一样的事实，更激励李大钊为寻求救国救民的真理而不懈努力。

为了进一步寻求救国救民的真理，1913 年冬，在汤化龙、孙洪伊资助下李大钊远渡重洋去日本求学深造。

→ 留学日本

★★★★★

（24 岁）

1913 年冬，李大钊入日本东京早稻田大学政治本科学习。在日本，他广泛阅读了大量社会科学著作，结识了日本社会主义者安部矶雄等人。1914 年 8 月，李大钊还结识了当时在东京主办《甲寅》杂志的章士钊，并与陈独秀结识，几人以文结友，章士钊对于李大钊以后的生活道路和思想发展都产生了一定的影响。虽然身在异国他乡，但李大钊时刻心系灾难深重的祖国。

1914 年 8 月的一天，在东京小石川林町一处幽静的平房内，在日本创办《甲寅》杂志的章士钊和吴若男夫妇正在布置着清淡、典雅的小屋。这一天是李大钊和陈独秀首次会面的日子，夫妇两人在营造一个祥和的氛围，但眉宇之间似乎有着莫名的忧虑。

原来，几日前，少年气壮的李大钊针对陈独秀的《爱国心与自觉心》写了一篇批评文章，并且约见陈独秀。虽然陈独秀同意了这次面谈，可是，这位一代狂人会接受批评吗？是否会舌战一场，争得不欢而散，伤了和气？

章士钊瞅了瞅墙壁上的钟表，低沉地说：

"这两篇文章我都仔细研读了，仲甫（陈独秀的字）的文章显得低沉、悲观，而守常（李大钊的字）高屋建瓴，通篇意在辨明是非曲直，

△ 陈独秀（左）、章士钊（右）

用心是善的。我又把这篇《厌世心与自觉心》读了一遍，深感守常的理论无懈可击。"

吴若男完全赞成丈夫的见解，说道：

"也可能是你多虑了！仲甫英雄气概十足，看我们的面子，也不会和守常反目成仇的。"

正说着，李大钊快步走进屋来。

章士钊严肃地说：

"今天请你来，是因为陈独秀先生愿意和你会面，一起探讨救国的大事。"

李大钊听后心头疑虑顿消，微笑着说：

"我觉得独秀先生答应和我见面一事，可见是一位十分大度、开朗的有志之士。"

李大钊又正色地说：

"我读了陈独秀先生近期的文章，认为他不仅是有识人才，还是个敢于向真理投降的勇士，否则，我就不会约他面谈了。"

章士钊夫妇听后，愕然地相互看了看，异口同声地说："不尽然！不尽然……"

"不，世事万物都有个例外嘛。"随着爽朗的说笑声，不修边幅，头已谢顶，戴着博士眼镜，身穿西服的陈独秀走了进来。

"仲甫，我来给你们介绍一下。"

"不用了！不用了……"陈独秀望着早已起身站在那儿有些拘谨的李大钊，主动走过去，用力握住李大钊的双手，潇洒地说："您就是李大钊先生！真是文如其人啊，哈哈……"

本来在李大钊心中陈独秀是一个高傲、旁若无人的形象，没想到出现在眼前的是如此光彩照人、举止潇洒的一个人，李大钊一时不知对比自己年长十岁，又赫赫有名的陈独秀说些什么，只好被动地点头称是。

章士钊也趁机说了陈独秀不少好话，陈独秀一边摇着头，一边坐下，感慨万分地说：

"大钊先生！我到今天，才真正懂得'三人行必有我师'的真正含义！真可以说，为师不在年高，而你，就是一位比我年少的老师啊！"

"独秀先生过谦了！大钊实不敢当，实不敢当……"李大钊见陈独秀如此说，深感惶恐地答道。

陈独秀却激动地说："不，我感谢你的那篇文章，让我茅塞顿开，使我放弃消极的情绪。快请坐下谈，坐下谈！"

一直惴惴不安的章士钊此时也露出了欢心的微笑。吴若男也称赞道："仲甫真是大丈夫！能屈能伸，不耻下问。"并起身为陈独秀献上一杯茶。

李大钊对陈独秀的第一印象是好的，他们简单谈过文字之争的是非后，李大钊很有礼貌地问：

"仲甫先生，您最近有何救国打算？"

"正如方才大钊先生所说的，我应当做一位敢于向真理投降的勇士！我准备近日回国，针对袁世凯复辟称帝的卖国行径，引导四万万同胞去战斗！"

"好！到时我一定到先生麾下听号令！"李大钊兴奋地说。

→ 反对"二十一条"

★★★★★

（26岁）

1915年1月18日，日本大隈内阁向袁世凯政府提出企图灭亡中国的"二十一条"要求。这一秘密披露后，引起留日中国学生的极大震动，各省积极分子立即行动，准备召开大会。李大钊忧心如焚，奔走呼号。他积极联络留日学生奋起反抗。2月

△ 李大钊

11 日下午，留日中国学生两千余人冒雨在中华基督教青年会馆举行全体大会，抗议日本帝国主义的侵略行径，讨论挽救办法，最后通过五条决议：(一)电政府强硬拒绝该条件并将该条件公之人民；(二)以文字警告及励导海内外国民；(三)留日学生对外之宣言；(四)设立分机关于京沪，以便进行议事；(五)准备归国之办法。这次会议产生了留日学生总会，并推举出执行机构，以沈定一为干事长、陈仁为副干事长，成立了总务、文事、会计、交际、调查各部，李大钊为文事委员会编辑主任。

会后，总会办事机构就大会决议逐项落实，推出驻京、驻沪代表，回国向政府转达留日学生要求，组织国民大会，敦促抵制日货，进行留日学生罢学归国的准备等等。李大钊泣血陈词的《警告全国父老书》，连夜发回祖国，号召全国人民"举国一致，众志成城，保卫锦绣之河山"。有力地推动了当时的反日爱国运动。文中反映了留日学生"羁身异域，切齿国仇，回望神州，仰天悲愤"的心情，介绍披露于东西报端的"二十一条"的内容，控诉日本的侵略野心，要求政府秉国民公意，拒绝日本要求，全国人民一致作政府的后盾。

但是，这次留学生的爱国行动却遭到袁世凯政府的镇压，以"意在煽动滋事"、"妨害治安"而严令总会解散。爱国学生这时受到来自日本政府和袁政府的两面夹击，终于"欲寻一开会地点而不得"。这使本来希望作政府后盾，一致团结御侮的李大钊及爱国学生们在心里受到极大打击。

1915年5月7日，日方提出最后通牒。9日，袁政府承认日方条件。25日，"二十一条"签字。这时留日学生总会迫于亡国危机，不顾袁政府的取缔，继续进行救国活动。是年6月，李大钊编辑了总会的出版物——《国耻纪念录》。他为本书撰写的《国民之薪胆》一文，详细记

述了日本进兵山东和提出"二十一条"的
过程，要求人民痛自奋发，磨炼坚忍不拔、
百折不挠的志气，挽救国家于危难之际。

反对"二十一条"，是李大钊留学时
期经历的特殊事件，他以强烈的爱国思想
和献身精神投入挽救祖国危亡的斗争，成
为留日学生总会的领导成员之一，为这次
斗争作出了重要贡献。

→ 反袁斗争

★★★★★

（26 岁）

1915 年冬，李大钊等在日本留学生中
发起组织了秘密革命团体"神州学会"，出
版发行《神州学丛》，反对袁世凯投靠日
本帝国主义、阴谋恢复帝制的斗争。留日

期间，李大钊还先后发表了许多文章，像《国情》、《风俗》、《民彝与政治》等猛烈地抨击了袁世凯的罪恶行径，猛烈地抨击了封建专制制度，表达了他的思想政治观、社会历史观。指出中国近代的落后根本原因是君主专制造成的，代议制度则是时代的要求。在反袁斗争中，李大钊以其斗争之坚决，文笔之犀利而声名鹊起，在留学生中成为闻名一时的人物。1916年3月袁世凯下台后，国内局势依然动乱，各系军阀乘机而起。为了直接投入到国内革命斗争中，1916年4、5月间，李大钊毅然中途

▽ 袁世凯穿丝绸抿裆军裤见外国使团

辍学归国,回到了上海,这正如他在《狱中自述》中所说的"留东三年,益感再造中国之不可缓,值洪宪之变而归国"。

1915年12月,窃国大盗袁世凯在日美帝国主义的怂恿、支持下,废除了共和体制,登基称帝。这种倒行逆施的行为,立即激起了人民的强烈反对。保卫共和、反对帝制的浪潮在全国各地蓬勃兴起。12月25日,云南宣布独立,都督蔡锷组织护国军讨伐袁世凯,点燃了护国战争的烈火。正在日本留学的李大钊闻讯深受鼓舞,放弃学业考试,立即回国,准备参加讨袁护国运动。但他回到上海不久,袁世凯就被迫取消了帝制,于是李大钊又返回日本。当他到了日本江户时,恰逢他的挚友幼衡准备回国。李大钊在为幼衡送行时,口占一首绝句:

> 壮别天涯未许愁,
> 锦江离恨付东流。
> 何当痛饮黄龙府,
> 高筑神州风雨楼。

抒发了对中国政局黑暗腐败的愤激不满的爱国主义的思想，表现了他为重建神州而矢志奋斗的坚定信念。

在日本留学是李大钊一生中的一个重要阶段，在异国他乡，李大钊磨炼成长，初步学习并接受了马克思主义和社会主义思想，在日本的这段时间里，李大钊在思想上、政治上、学识上和社会能力上都有了一个新的飞跃，使他能始终站在时代最前列。

中国最早的马克思主义者

（1916—1925）

回国办报

（27 岁）

1916 年 5 月，李大钊带着 20 年求学知识的总结，怀着再造中华的伟大抱负回到了上海，回国后李大钊便立即投入到国内正在兴起的新文化运动当中。从日本回国前，李大钊曾写下了著名的文章《青春》一文，1916 年 9 月，《新青年》杂志出版了李大钊的著名文章《青春》,在这篇文章中，李大钊曾经这样写道："以青春之我，创建青春之国家，青春之民族，青春之人类，青春之地球，青春之宇宙。"就是这篇充满朝气蓬勃和革命进取精神的文章，对激励当时广大中国青年起了很好的作用，是

△ 担任《晨钟》报总编辑时的李大钊

新文化运动前期的一篇具有重大指导意义的历史文献，直到今天我们读起来，它那种气势磅礴、一往无前的革命气概，也仍然令人振奋、令人鼓舞，正像吴玉章所说："青春之气，万古长青。"

1916 年，李大钊回国后不久，袁世凯就像一条癞皮狗似的死去了。但是，封建专制主义思想并未从人们头脑中消除。当时，以陈独秀为代表的一批激进的革命民主主义者发起了新文化运动。李大钊也是这一运动的主要领导人之一。

形势的变化为各党派重新参与政治提供了机会。新上任的参议长汤华龙等准备在北京办一份报纸，邀请李大钊主持编辑工作。李大钊遂于 7 月 11 日起程北上。

李大钊参与创办的这份报纸名为《晨钟》，这个名字是由他定下来的。所谓"晨钟"就是

中国最早的马克思主义者

早晨的钟声，寓意用早晨的钟声来唤醒沉睡的国民，李大钊还在《晨钟》报头设计有一警钟图案，每天刊出一条警语。在短短的 20 天，李大钊就在《晨钟》上发表文章 14 篇，他以此为阵地，宣传新思想、新文化。在《晨钟》上，李大钊发表很多文章，揭露北洋军阀的反动统治，抨击封建文化及道

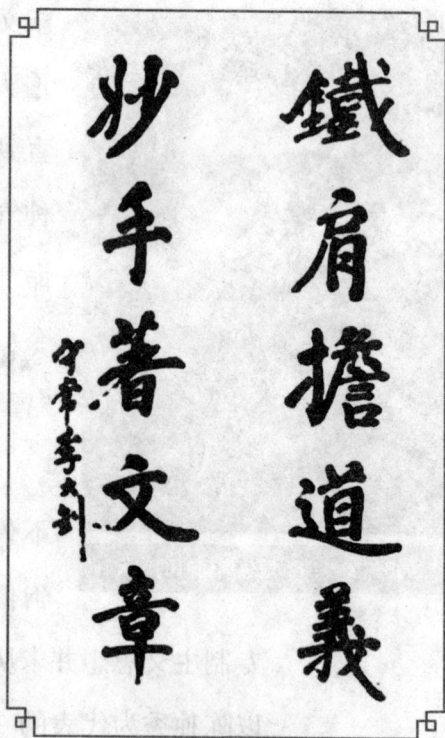

铁肩擔道義

妙手著文章

甲寅 李大钊

△ 李大钊手迹

德伦理。十月革命以前，在国内发生的重大政治运动及思想斗争中，李大钊都站在时代的最前列，并以一个激进的革命民主主义者的身份出现。唤醒民众，寄希望于人民是这一时期李大钊思想的精华。他指出：对于我国思想界的消沉，"非大声疾呼以扬布自我解放之说，不足以挽积重难返之势"。李大钊的对联"铁

肩担道义，妙手著文章"，就曾刊登在《晨钟》上，这是他非常喜欢的警句，也可以说是他一生道德文章风格的真实写照。李大钊的一生正是以"铁肩担道义，妙手著文章"作为自己的座右铭，身体力行，鞠躬尽瘁，用自己毕生的全部言行乃至鲜血和生命，实践了其人生的箴言哲理。李大钊将该报当做宣传"青春中华"主张，启迪和鼓舞青年自觉奋斗的园地。他表示要"高撞自由之钟"，激励青年，惊醒"睡狮"中华！

就像同时期在上海的陈独秀和他的已经

▽《晨钟》编辑部同仁在北京中央公园（今中山公园）合影，前排左五为李大钊。

更名为《新青年》的杂志，李大钊在北京《晨钟》上也吹起启蒙的号角。

不久，由于党派之间的政见不同，二十多天后，为人忠厚、性格耿直的李大钊辞去《晨钟》编辑主任的职务。

很快，李大钊受章士钊的邀请任《甲寅》日刊的编辑，他以《甲寅》日刊为阵地，发表了很多一针见血的政论文章，李大钊在《甲寅》日刊上发表的反对段祺瑞"以孔教为国教"的文章，能把历史上孔子的学说和统治阶级抬出孔子为偶像进行思想统治加以区别，加以分析，这在当时是很可贵的。

1917年4月4日，李大钊发表了《真理之权威》一文，他指出："人生最高之理想，在求达于真理。"追求真理，也正是李大钊一生为之奋斗、不怕牺牲的力量源泉。

1917年6月1日，发生了张勋复辟事件，李大钊避居上海，但仍非常关心国事，他写信给北京好友李泰棻，了解北京的变动情况。并发表了《暴力与政治》一文，支持孙中山的护法斗争。李大钊还以极大的热情关注苏俄的革命形势。当他知道1917年11月7日，列宁胜利地建立了世界上第一个社会主义国家时，异常兴奋，立即从上海返回北京。

在北京大学引导青年

（29岁）

北京大学的前身是京师大学堂，创办于1898年。它最初是承继清朝国子监的全国最高学府和全国教育的最高管理机关。1912年，根据中华民国教育部令，京师大学堂改为北京大学校。1918年初，李大钊经章士钊的介绍，受蔡元培的聘请到北京大学担任图书馆主任一职。

当时的北大图书馆比起今天来规模要小很多，问题也很多。李大钊到任后，陆续采取措施解决这些问题。借阅制度的规范、新增图书、个人藏书寄存到图书馆等一系列措施让北大图书馆初具规模。李大钊认真改进图书馆工作，他十分重视图书馆的建设，使图书馆成为传播新文化、新思想的一个重要阵地。李大钊是中国近代图书馆事业的奠基人，在图书馆发展史上，李大钊有"中国近代图书馆之父"的殊荣。

△ 担任北京大学图书馆主任时的李大钊

李大钊担任北京大学图书馆主任将近五年之久。这是他一生中十分重要的阶段。之所以重要不只是因为他为北大图书馆的改革作出了贡献，为北大师生的研究提供了良好的服务，更主要是他通过这个工作岗位结识了当时全国最为重要的一大批知名人士和当时及后来在中国思想、文化、政治等各界产生重大影响的青年学生。

1917 年，陈独秀应蔡元培的邀请，带着他的《新青年》杂志，到北京大学担任了文科学长。其后不久，已在北大任教或相继应聘进入北大的钱玄同、刘半农、沈尹默、胡适、周作人和在教育部工作的鲁迅等，先后参加了《新青年》的编辑工作。

1918 年 1 月，也就是李大钊正式接任北大图书馆前后，他在陈独秀召集的《新青年》编辑会上和这些人见了面。

五四以前，北大新旧思想斗争仍很激烈。许多青年接触了新知识，很不满现状，要求进步，渴望新的思想境界，而李大钊学贯中西，思想新颖，正是这些青年学生所向往和追求的榜样，于是这些学生对他非常敬仰，自然地团结在他的周围。1918 年，经过改革的北京大学已经成为新文化运动的中心发源地，青年学生的思想十分活跃。少年中国学会、国民杂志社、新潮社等以北大学生为核心的社团组织先后酝酿成立。

李大钊由于工作关系，和许多关心时事，常到图书馆借书、阅读的学生熟悉起来。他和蔼的态度、清新的思想、热心助人的性格和习惯，使很多人愿意和他接触。他也正好利用这种条件，尽可能地与青年学生来往，彼此交流思想。

一个春天的早晨，北大校园里的丁香花竞相开放，散发着诱人的香气，古老的槐树抽出新芽，嫩绿地长满枝叶，形成了一个绿色的天然华盖。李大钊健步向图书馆走去。

开馆的时间刚到，两个青年学生就进来了。打头的学生身材魁梧，眉清目秀，两目炯炯有神，左眉心边有一颗很显眼的黑痣。紧随其后的学生，身体显得有些单薄，面色苍白，给人一种文质彬彬的感觉。李大钊看见走进来的两位同学，站起身来，用一种关切鼓励的眼光望着他们。身材魁梧的同学迟疑了片刻，恭敬地问道：

"李主任，有德文版的《共产党宣言》吗？"

李大钊先是一怔，随即高兴地说："有！"转身从书架上取出来递给那位同学。李大钊禁不住内心喜悦，如今借阅马克思主义书籍的学生越来越多了，他好像看到了中国的希望，平和地问道：

"同学，你叫什么名字？"

"我叫邓中夏，是中文系的学生。"

"中夏同学，你读原版的《共产党宣言》会不会觉得有些吃力？"李大钊很关切地问道。

邓中夏脸上立时现出了红晕，有些不好意思地说："我德文水平很低，读起来会很吃力，所以，我想向李主任多求教一下。"

原来，邓中夏早就读过李大钊的论文《青春》，深深被其中描绘的前景所吸引。于是，他抑制不住内心的渴望，想了这么一个办法，来结识自己仰慕的李大钊。

李大钊望着有些窘迫的邓中夏，和蔼地说："可以，当然可以，就让我们一起研究吧。白天功课忙，晚上可以到我的住处共同磋谈。"说着，李大钊对那位面色苍白的学生，开玩笑地说："忧国志士，你也同去如何？俗话说，三个臭皮匠还顶个诸葛亮呢！"说完，开心地笑起来。

听了李大钊幽默的话语，两人一扫刚来时的拘谨，连声说："李主任，我们一定拜访聆听您的教诲。"那位忧国志士，名叫高君宇，和邓中夏一样，也是被《青春》一文唤醒的青年。

李大钊和这两个进步学生一直谈到太阳已移上中天，这两人才恋恋不舍地离开图书馆。

这年10月和11月先后成立了国民杂志社和新潮社。国民杂志社同留日归国学生在上海组织的学生救国会密切相关。这个学生救国会是一千多名留日学生因在东京举行爱国游行示威，遭到日本当局的镇压，全体罢学学生成立的。该会积极倡导反日爱国运动。并与上海、南京、天津、济南等地的学生联络，组成了近于全国规模的、统一的学生救国会。北大学生邓中夏、黄日葵等都是该社重要成员。

新潮社是一个基本上由北大学生组成的文化团体。其发行的《新潮》杂志影响很大。李大钊将红楼的一个房间拨给新潮社使用，还在上面发表了一些文章。他的思想对两个社团的青年学生都产生了影响。

在支持国民杂志社和新潮社的同时，李大钊等人正在筹备少年中国学会。少年中国学会成立后，李大钊担任了月刊编辑部主任等职务，1924年以前，一直是该会的骨干领导成员。毛泽东就是经李大钊介绍，于1920年初加入少年中国学会的。而在此之前，毛泽东与李大钊已经有了几个月朝夕相处的日子。

1914年到1918年，毛泽东在湖南省立第一师范学校上学的时候，从《新青年》等进步刊物上看到了李大钊写的一些重要文章。其中，《青春》和《今》，给了他极大的吸引和启示。据周世钊说：毛泽东最热爱《新青年》这本杂志，对李大钊的文章，他经常反复阅读，摘抄某些精辟的段落。他从这些文章中，逐渐认识了中国不仅需要改造，而且还需要从政治、经济、文化、思想、制度、风俗、习惯等各方面进行根本的改造。1918 年 4 月，毛泽东从一师毕业前夕就和蔡和森等组织了一个革命团体新民学会。

1918 年 8 月 19 日，毛泽东为组织和促进湖南青年赴法勤工俭学事宜第一次到北京。这时，原在一师教书的杨昌济已在北京大学教书。经杨昌济向李大钊推荐，李大钊在同代理校长蒋梦麟商议后，即安排毛泽东到北京

▽ 李大钊与少年中国学会北京部分会员在岳云别墅的合影。左起为孟寿椿、邓中夏、周炳琳、张申府、康白情、袁同礼、李大钊、黄日葵、雷宝华。

大学图书馆做助理员。

当时，李大钊已是积极推行新文化运动、宣传社会主义思想的领袖人物，但他和毛泽东却很投契，经常在一起畅谈。由于李大钊热诚的帮助，使青年毛泽东深受教益。1918年10月，李大钊介绍毛泽东加入了少年中国学会。同年11月，李大钊在会友中宣传俄国十月革命的伟大意义，指出中国革命的前途，就在于学习俄国共产党。接着，发表《庶民的胜利》和《布尔什维主义的胜利》两篇著名论文。这些对青年毛泽东的思想产生了深刻的影响。毛泽东还充分利用在北大图书馆工作的有利条件刻苦读书，努力学习十月革命经验和马克思主义书刊，开始初步探索解放中国的道路问题。毛泽东在回顾第一次在北京时的思想变化时说："我对政治的兴趣越来越大，思想也越来越激进。"又说："我在李大钊手下担任国立北京大学图书馆助理员的时候，曾经迅速地朝着马克思主义的方向发展。"

通过在北京的接触，李大钊对毛泽东非

常器重，据萧三《五四运动回忆录》载：李大钊认为毛泽东是"湖南学生青年的杰出的领袖"。李维汉在《回忆新民学会》一文中也认为：在北京大学和接近北大的先进青年，"他们在李大钊同志的影响下，在五四前夜就已经开始接触马克思主义"。因而在"新民学会会员中，毛主席、蔡和森接受马克思主义和十月革命道路最早。他们在五四运动前夕，就在李大钊影响下，开始学习和研究十月革命和马克思主义书刊"。

1918 年 7 月，毛泽东在他主编的《湘江评论》上发表自己写的《民众的大联合》一文。在国内进步青年中引起强烈的反响。当时，"大钊同志对这篇文章非常重视，于十二月间写的题为《大联合》的短论，也运用了民众大联合的主张"。显然，这是李大钊对毛泽东《民众的大联合》的有力支持，是对毛泽东这种新的革命民主主义思想的充分肯定。

1919 年 12 月，为了推动湖南反军阀的革命运动，毛泽东代表新民学会又一次来到北

中国最早的马克思主义者

京。他到北京大学看望李大钊。李大钊非常高兴地接待了他，并向他介绍了正在筹备成立马克思学说研究会的情况，介绍了许多中文的共产主义文献和关于俄国革命的书籍。其中有考茨基的《阶级斗争》，马克思和恩格斯合著的《共产党宣言》节译本，英国人柯卡普写的《社会主义史》等。毛泽东后来回忆说："我第二次到北京期间，读了许多关于俄国所发生的事情的文章。我热切地搜寻当时所能找到的极少数共产主义文献的中文本。有三本书特别深刻地铭记在我的心中，使我树立起对马克思主义的信仰。我接受马克思主义，认为它是对历史的正确解释，以后，就一直没有动摇过。……到了1920年夏天，我已经在理论上和在某种程度的行动上，成为一个马克思主义者，而且从此我也自认为是一个马克思主义者了。"可见，毛泽东世界观的转变与李大钊的直接帮助是分不开的。

1923年6月12日，李大钊和毛泽东出席了在广州召开的中国共产党第三次全国代表大会。这次大会的中心议题是：根据共产国际的决议，讨论并确定与孙中山领导的国民党建立统一战线的方针与政策，共产党员加入国民党的问题。李大钊在会上表示拥护共产国际的决议，积极主张共产党员参加到国民党中去，以迅速组成中国革命的统一战线。同时指出一定要注意保持党的独立性。毛泽东完全赞同李大钊的意见，主张实行国共合作，建立反对北洋军阀的统一战线。大会采纳了李大钊和毛泽东等人的正确意见，通过了《关于国民运动与国民党问题的决议案》。中国革命的历史证明，第一次国内革命战争时期，中国共产党的统一战线政策有力地加速了中国人民推翻帝国主义和封建军阀统治的进程。李大钊和毛泽东共同为建立和巩固第一次国共合作的统一战线作出了重大贡献。

1926 年 3 月 16 日，国民党农民委员会讨论决定，请毛泽东担任第六届农民运动讲习所所长。于是，毛泽东即委托在广州参加中国国民党第二次全国代表大会的陕西省临时党

中国最早的马克思主义者

部选派的代表魏野畴，立即去北京和李大钊、陈毅等共同为第六届农民运动讲习所选派学员。于是，魏野畴带着毛泽东写给李大钊的信到了北京。当李大钊看过毛泽东的来信以后，立即同魏野畴在北京、天津的进步青年中选拔学员。李波涛原来已和李大钊商定好，准备去苏联学习。可是，他又突然接到去广州农民运动讲习所学习的通知。魏野畴专门找他谈话:"去广州要经过四海一洋，正好力挽狂澜。闹革命要趁热打铁，不能好高骛远。毛泽东同志担任这一届农讲所的所长，他学问渊博，和我谈论农民战争史和农民运动，很有独特见解，此去定能学到不少知识。再说，你对农村的情况很熟悉，又擅长编写民歌，应当在鼓动农民起义上发挥作用嘛!"李波涛听后，去请示李大钊。李大钊对他说:"毛泽东同志的才学很好，你去后自然会体会到的。你还可以帮助他整理些农民战争的资料。我写封信你带去给他，希望他常给我来信。"同年9月底，李波涛毕业后准备离开广州。"毛所长把他写给李大钊同志的一封信交给我，叫我回陕途经北京时面交大钊同志。到京后，我去见大钊同志，送交了毛所长的信件。大钊同志当即派我回陕北开展农民运动。"李波涛回忆说。

领导中国革命要学习十月革命的经验，又要立足本国，立足于发动工农革命运动，明确认识农民是中国革命的主力军。在这些重大问题上，李大钊和毛泽东的意见是完全一致的。毛泽东在主持农讲所期间，特意将李大钊写的《土地与农民》这篇重要论文编入《农民问题丛刊》中，供学员学习和研究。

1945 年 4 月 21 日，毛泽东在《六大工作方针》报告中，联系中国革命运动的发展和老一辈革命家成长的历史指出：中国从五四运动起，由旧民主主义革命转到了新民主主义革命。五四运动中，李大钊是代表左翼的，"我们是他们那一代人的学生"。

毛泽东后来回忆道："在李大钊领导之下，我就很快地发展，走上马克思主义之路。"

江泽民在纪念李大钊诞辰 100 周年大会

上曾经这样深刻地指出："李大钊顺应时代的需要，率先在中国大地上高举马克思列宁主义的旗帜，为中国昭示了新的社会主义的发展方向。"李大钊是中国传播马克思主义的第一人，他率先向中国人民宣传马克思列宁主义的真理，指引中国革命走上了一条崭新的道路。

1917年11月7日，俄国爆发了伟大的十月社会主义革命，震撼了全世界，同时也给李大钊带来了新的希望。他怀着从根本上改造中国和世界的伟大抱负，以高度的革命热情学习和研究了十月革命，并发表了许多重要文章。如《俄罗斯文学与革命》、《法俄革命之比较观》、《庶民的胜利》、《布尔什维主义的胜利》等，在当时能够既迅速而又准确地把握十月革命的性质和意义，并连续著文热情歌颂和介绍十月革命的，李大钊当是中国第一人。他以极敏锐的眼光，比同时代的人更早更深刻地认识和看到中华民族独立和中国人民获得解放的希望。在世界革命的新潮流中，为中国人民指出新的革命斗争方向。在他身上具有更加强烈的与时俱进、不断进取的精神。同时，李大钊在许多报刊杂志上还陆续发表了一系列介绍马克思主义的文章，这种带动很快引起了反响。全国各地很多报刊也纷纷刊登了介绍马克思主义的文章，涌现出杨安、李达、李汉俊、张闻天等我国早期的马克思主义传播者，从此马克思主义在中国大地传播开来。

1918 年 11 月 11 日，第一次世界大战结束。这件事在中国也引起很多反响，原因是中国也跻身于战胜国之列。李大钊在《新青年》决定转载他的《庶民的胜利》的同时，又为该刊

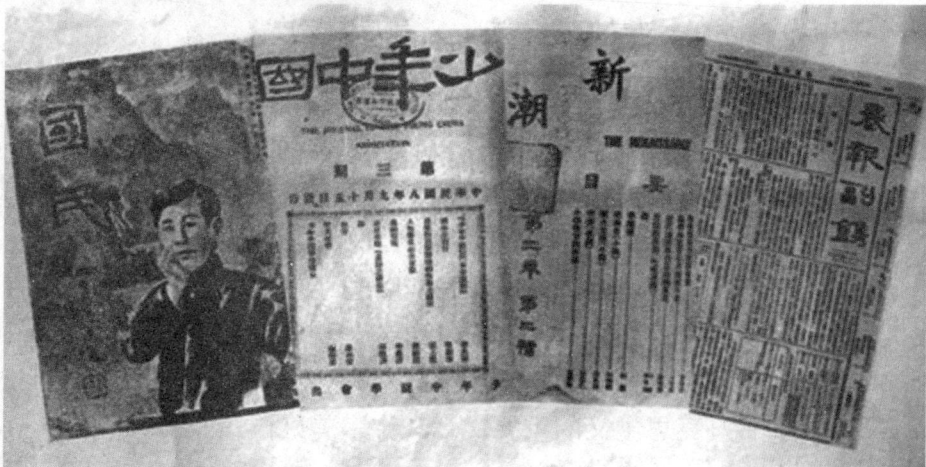

▽ 五四前后在李大钊指导下出版的几种刊物

写下了《布尔什维主义的胜利》一文。

在这里，李大钊提到了马克思的名字，第一次用阶级的观点来分析政治。

在《布尔什维主义的胜利》一文中，李大钊曾经断言："试看将来的环球，必是赤旗的世界。"表现出了李大钊的远见卓识以及他对革命必胜的坚定信心。今天，历史也证明了先烈的伟大预言。同时，李大钊还充分应用社团和学会进行马列主义的宣传，1920年3月，在李大钊的指导下，北京大学的进步学生发起组织成立马克思学说研究会，这是我国第一个集学习、研究、宣传马克思主义为一体的进步团体，一年后，又在全国公开征集会员，使这一活动遍及全国各地，会员多达万人以上，研究会成立后，李大钊还开设了一个小型图书室，命名为"亢慕义斋"，是德文"共产主义小屋"的意思，李大钊组织有志于研究马克思主义的青年，认真准确地翻译马列著作。

在昌黎五峰山韩文公祠，李大钊写出了宣传马克思主义的重要文章和许多美好诗篇，青年李大钊把昌黎作为自己的第二故乡。著名的《我的马克思主义观》一文，就是在这里写下的，这篇文章是我国第一篇系统介绍马克思主义基本原理的文章。

马克思主义在中国的传播不是一帆风顺的，他引起了反动政府的恐惧和仇视。他们以强制手段查禁的进步刊物达 83 种。1919 年 7 月，胡适在《每周评论》上发表了《多研究些"问题"，少谈些"主义"》，对马克思主义进行了

▽ 1919年李大钊与友人在中央公园合影。中立者为李大钊，右一为张申府，右二为梁漱溟，左一为雷国能。

攻击和诽谤。当时李大钊在五峰山，读了这篇文章后，为坚持和维护马克思主义的科学性和纯洁性，借以扩大马克思主义的影响，便写信给胡适，就是著名的《再论问题与主义》。在这篇文章中，李大钊最早表述了理论与实际相结合，马克思主义要结合中国实际的思想原则，这就是历史上有名的"问题与主义"的论争，学术界的结论是：马克思主义传入中国的首场论战。从而促进了当时马克思主义在中国的进一步传播。对于李大钊在传播马克思主义中所起的重大作用。1942年，在中共中央西北局高干会上的讲演中，毛泽东高度评价了李大钊传播马克思主义的事迹，以此证明中国共产党成立之前，先进分子已在学习、传播和信仰马克思主义。

在宣传马克思列宁主义的同时，李大钊积极探索中国实行社会主义的方法，1920年12月，在李大钊的指导下，北京大学进步学生成立了社会主义研究会，1921年至1923年，李大钊又连续写了《中国社会主义及其实行方法的考察》、《社会主义的将来》、《社会主义下的经济组织》、《社会主义释疑》、《社会主义与社会运动》等文章，并以此内容进行讲演，足迹遍及北京、上海、厦门、武汉、郑州等地。为了向工人群众宣传社会主义，1920年11月，在李大钊的指导下，由邓中夏等人创办了《劳动音》月刊和长辛店劳动补习学校，李大钊每年的五一劳动节，都要到工人群众中去讲演，向工人群众宣传社会主义、马克思列宁主义。

李大钊是指出只有社会主义才能救中国、中国必须坚持走社会主义的第一人。他以自己的远见卓识对社会主义蓝图进行了描绘，这就是李大钊对中国未来社会主义的论述，李大钊深刻指出："中国不欲振兴实业则已，如欲振兴实业，非先实行社会主义不可，社会主义是要富的，不是要穷的，是整理生产的，不是破坏生产的。"同时他又指出："中国的社会主义将来发生之时，必与英、法、德……有异。"这些论断明确指出中国是要经历与资本主义国家不同的革命阶段，要根据各国国情的不同，来选择自己特色的社会主义道路。

五四运动

（30岁）

第一次世界大战结束后，各战胜国聚于巴黎的凡尔赛宫举行和会。中国代表团打算就此收回被外国掠夺的领土、政治、经济等主权，并废除袁世凯政府与日本签订的"二十一条"。

但中国提出的维护领土主权完整的正当要求遭到拒绝，中国的外交又一次失败。

"李先生，您知道吗? 卖国政府已经同意在巴黎和约上签字了!"邓中夏等人还没进屋，就急匆匆地向李大钊喊道。

"这群无耻的卖国贼，把国家的神圣领土化为他们的玩物，真是无耻到极点!"

李大钊背着手，在屋中踱着步子，气愤地说。

"李先生，您打算怎么办呢？"

是啊！该怎么办呢？卖国政府现在猖狂透顶，来软的肯定不行，若来硬的，手无寸铁的学生又能硬到哪里去呢？

李大钊在屋里来回踱着，天渐渐地黑了下来，屋里的光线暗了下来。突然，李大钊停住了脚步，猛地一转身，异常果断地说：

"直接行动！"

"直接行动？"几个人疑惑地相互看着，不知道李大钊指的是什么。还是高君宇首先反应过来，他猜测地说：

"李先生，您是不是说要直接组织学生游行示威，反对代表在巴黎合约上签字！"

"对！"李大钊兴奋地说，"不仅要组织青年学生，还要组织工人、商人……"

"好！"几个人同时脱口而出。

"中夏、君宇、德君，你们几个辛苦一下，连夜通知北大的学生，明早在法科院大礼堂开会，商讨游行示威的具体事宜！"

夜已经很深了，李大钊家的灯依然亮着。灯光下，李大钊那高大的身影清晰地映在了窗上。他正在为迎接一场新的斗争准备着……

北大法科院大礼堂里热闹异常。《京报》主笔邵飘萍向与会代表介绍巴黎和会上中国外交失败的内幕。

"同胞们！是谁出卖了山东？是卖国的北洋政府……同学们，形势是严峻的，我们要尽早游行示威。"邵飘萍慷慨激昂地说。

1919 年 5 月 4 日，北京十余所高等学校三千多名学生齐聚天安门举行示威游行，他们火烧了曾参与签订"二十一条"的交通总长曹汝霖的住宅，

△ 五四时期的李大钊

痛打了驻日公使章宗祥。学生们提出不承认
"二十一条"、收回山东权益等请求，激起了
教师、市民、商人和工人的爱国热情，在全
国掀起了爱国热潮。

　　5月18日，李大钊在《每周评论》上发
表《秘密外交与强盗世界》一文，阐明了这
场运动反对帝国主义的性质。他说："我们反
对欧洲分赃会议所规定对于山东的办法，并
不是本着狭隘的爱国心，乃是反抗侵略主义，
反抗强盗世界的强盗行为。"他还发表一系
列随感，激励爱国学生和人们继续进行斗争。
同时，李大钊也亲自参加了运动。据高一涵回
忆："五四游行，守常和学生一道参加。有一
次，为了救援被捕学生，大家集队往政府请愿。
队伍走到国务院门前，只见铁门紧闭，门内架
着机关枪，守常悲愤之极，一个人跑出队伍冲
了上去，大家赶忙上前把他拖住，真是又英勇
又危险。"

　　五四运动的爆发虽然缘于中国人民的爱
国传统，直接诱因是巴黎和会的外交失败，

但和李大钊在内的知识分子的激进思想的宣传也有密切关系。

→ 索薪斗争与争取教育经费的斗争

★★★★★

（32岁）

1921年3月，北京教育部已经连续三个半月拖欠各校经费，学校工作难以继续，教职员领不到工资，生活有了困难。不得已，北京大学于13日召开教职员大会，决定次日起全校罢课，选出包括李大钊在内的11人作大会决议的执行人。期间，与北京政府的交涉出现很多波折。

6月3日这天清晨，天刚放亮，李大钊起来就阴沉着脸。妻子赵纫兰知道丈夫为索薪的事，一直心情不好。这时，电话铃响了起来，李大钊连忙起身去接电话，只听他又严肃又紧张地高声说："我马上赶到学校。"

妻子赵纫兰担忧地说："你现在就去？"

"当然要去！要和八校的代表们一起到新华门，跟那帮家伙们讲讲道理！"

"跟他们能讲出个什么道理呀？人家大权在握。"赵纫兰一边摇头一边叹息地说。

"一定要去！"李大钊铁青着脸说着，就急匆匆走出了家门。

上午，李大钊及其他学校的校长、教授、教员和北京市十余所学校学生四五百人冒雨集于教育部门前静坐请愿。

不料，总理靳云鹏拒不接见。诘问之中，卫兵不问青红皂白端起枪就向请愿的人群砸来。马叙伦先生走上前，还没等开口，就遭到毒打，左眼角被打破，鲜血染红了半边脸。李大钊挺身向前，也被打昏在地。

流血事件发生后，政府派政府大员调节，筹拨200万元证券存放银行为教育准备金，八校临时费用由教育部解决等作为解决办法。

长达四个多月的索薪与争取教育经费的斗争终于以教育界获得胜利而结束。而李大钊直到调停交涉期间还承担着"教联"代理主席工作，因此，他错过了参加中国共产党第一次代表大会的机会。然而，李大钊的声望却因他在斗争中的积极表现而迅速提高。1924年3月，北京大学举行25周年纪念活动时搞了一项民意测验，其中一个题目问"你心目中,国内或世界大人物是哪几位？"统计的结果,李大钊在"国内大人物"中列第八位。

1920年7月8日，北京大学评议会举行特别会议。会议的一项内容是通过修正案："图书馆主任改为教授。"这是评议长蔡元培临时召集的特别评议会。墙上的大挂钟敲完十下，蔡元培穿着西装，神采奕奕地走进来，参加评议会的近20位教授代表肃然起立，蔡元培示意大家落座，然后看了看左边穿着西装的教授，又看了看右边穿清末服装的教授，心想：真是泾渭分明啊！他又侧目望了望李大钊，微笑着点了点头，便简明扼要地讲了一下这次会议的中心内容，然后就坐在座位上，等着各位教授的发言。

这时，刘羽拖着长辫子从右边穿清末服装的教授们中站起来，清了清嗓子说：

"各位，我先抛砖引玉，说一下我的看法。我认为，教授的职责是授业解惑，作为一个教授就要有高深的学问和具有说服力的学历，据我所知，在座的除了守常先生大概都是博士，而守常先生到日本留学并没取得博士学位。所以，我对守常先生教授学生的能力深表怀疑！……"

沈尹默听到刘羽以李大钊没有博士学位为难李大钊，站起来，嘲讽着说："刘羽先生，我对守常先生的教授能力不表怀疑。不过，我倒知道这样一件事，您讲课的时候，去听课的人很少，即使有人去了，也在课桌上睡觉，而守常先生的课却堂堂爆满。刘羽先生，您和守常相比，谁的能力高些呢？"

刘羽立时满脸通红，不知

△ 蔡元培

说什么好。

蔡元培站起身，请各位评议员举手表决。使他高兴的是，到会的教授们全部高高地举起了手，在北大的历史上，还没有如此顺利地表决过校方大事。

李大钊站在讲台上的姿态常常是"两只手支在讲桌上稳稳地立着，身子不大移动"。"说话时，声调不高，很沉、很慢，还带些乡音，头向前微倾并且侧着"。

他的演说让人"觉得有极大的煽动力"，那不是来自手舞足蹈的渲染，亦不是靠抑扬顿挫、字字珠玑的语音技巧，而是靠新颖的、听众急于了解的知识内容、丰富的资料和富于逻辑的表达，特别是他言行一致的为人准则、一个言行一致的布尔什维克主义者。

⊙ "南陈北李"相约建党

★★★★★

（32岁）

1921 年 7 月 23 日晚 8 时，在上海租界贝勒路树德里 3 号的一栋典型的上海里弄式小楼的楼下客厅里，十几名神态庄重的青年围坐在一张长方形餐桌周围，开始举行一次秘密会议。这是中国近现代历史上有着划时代意义的会议——中国共产党第一次全国代表大会。使研究者们感到诧异和遗憾的是，与会者中缺少了两位应当到场的主角——陈独秀和李大钊。李大钊与陈独秀究竟由于什么原因没有参加中共"一大"也许并不重要，因为，那并不影响他们在中国建党史上主要创建人的地位。

中国最早的马克思主义者

从俄国十月革命到五四运动一连串国内外大事件的发生，李大钊与陈独秀的思想迅速接近着。

五四运动爆发后，陈独秀热情支持群众的爱国运动，连续发表文章，揭露日本帝国主义的侵略罪行和北洋军阀政府的卖国行径。6月11日，亲自去北京前门外游艺场散发传单，因而被捕入狱。9月16日，在各方营救下获释。李大钊写下了一首诗：

　　　你今出狱了，

　　　我们很欢喜！

　　　他们的强权和威力，

　　　终竟战不胜真理。

　　　什么监狱什么死，

　　　都不能屈服了你；

　　　因为你拥护真理，

　　　所以真理拥护你。

　　　你今出狱了，

　　　我们很欢喜！

　　　相别才有几十日，

　　　这里有了许多更易：

从前我们的"只眼"忽然丧失，

我们的报便缺了光明，减了价值；

如今"只眼"的光明复启，

却不见了你和我们手中的报纸！

可是你不必感慨，不必叹息，

我们现在有了很多的化身，同时奋起；

好像花草的种子，

被风吹散在遍地。

你今出狱了，

我们很欢喜！

有许多的好青年，

已经实行了你那句言语：

"出了研究室便入监狱，

出了监狱便入研究室。"

他们都入了监狱，

监狱便成了研究室；

你便久住在监狱里，

也不须愁着孤寂没有伴侣。

出狱后的陈独秀仍处于被监视的状态，2

月初他又到了武昌，在文华大学连续几天发表了令政府官员大为惊骇的演讲。当他再度返回北京时，警察马上开始对他进行跟踪、追捕。

火车在莽莽草原上奔驰……北京火车站的各个关口都站满了全副武装的警察。伴着一股股夹雪的冷风，似乎有了更多的寒意。

李大钊快步走到电话亭给在交通部供职的小老乡挂了个电话，请他给站长打个招呼，说他有位朋友从南方带来的东西比较多，不便从正门出站，需要通融一下，从车站后门进去接站。

车站后门，只有两三个警察来回巡视着。李大钊机智地让车夫在这里等着，他便向站台走去。"呜——"一声长鸣，一列火车缓缓驶进站台，警察立即紧张起来。一会儿，陈独秀神采奕奕地出现在门口，李大钊连忙抢上一步，拉着陈独秀的手挤出人群。两个警察拿着陈独秀的相片，嘀咕着，向他们走来。李大钊心里捏了一把汗。这时，一声训斥响起："混蛋，这是部里先生的客人！"原来，是站长怕惊扰上司，妨碍前程。

李大钊和陈独秀连夜来到王星拱教授家，考虑到陈独秀在北京已不安全，决定把他立即转移出京。大家商量保

△ 中国共产党的创始人陈独秀

△ 中国共产党的创始人李大钊

护陈独秀出京的办法，李大钊挺身而出，自愿护送陈独秀从公路出走。

第二天清晨，陈独秀头上戴着一顶半旧的毡帽，身穿一件油迹满衣、发着亮光的背心，纵身爬上车辕，钻进车厢中。李大钊装扮成乡下讨账的商人，携带几本账簿，坐在车辕上，甩了个响鞭，出发了。

近几天，北京的警戒十分森严，各城门紧闭，四处张贴着通缉陈独秀的布告。朝阳门前，两边的警察举起枪刺，大吼道：

"站住! 干什么的? "

"下乡讨账的。"李大钊不慌不忙地说。

一个警察蛮横地用枪刺挑开门帘看看有没有私货, 李大钊坦然地说:"这是我们东家! "

"放行! "

沿途上住店一切交涉都由李大钊办理, 不要陈独秀开口, 恐怕露出南方人的口音。因此, 一路顺利到了天津, 陈独秀坐船前往上海。一路上, 他们讨论的是在中国建立马克思主义政党的问题。这件对中国历史有着巨大影响的事件就是在这样的环境中孕育的。

陈独秀离开天津后, 李大钊与黄凌霜、章志一同到北京大学的俄籍教员鲍立维在天津的住所与鲍立维会面。不料, 第二天, 天津《益世报》刊出"党人开会,图谋不轨"的消息。李大钊匆匆赶回北京。1920 年 3 月, 列宁领导的共产国际派维金斯基一行到中国会见李大钊, 商讨建立中国共产党的问题。4 月, 李大钊介绍其到上海会见陈独秀。陈独秀果断地说:"现在需要立即组织一个共产党。"后来因陈独秀拿不定主意党的名称是叫共产党还是社会党，写信询问李大钊，李大钊根据马克思的建党学说，明确指出就叫中国共产党。

在共产国际的帮助下，"南陈北李"创建中国共产党的工作就在这前后相继开始了。

随着马克思主义的不断传播及共产主义知识分子开始致力于将马克思主义同工人运动相结合，成立无产阶级政党这一任务也提到了日程上来。1920年8月，陈独秀等人在上海创建了第一个共产主义小组。月底，张国

▽ 1920年，李大钊在北京发起成立共产主义小组并创办《劳动音》周刊（右）和长辛店劳动补习学校（左），为中国共产党的成立作准备。

焘从上海回到北京，带来了陈独秀关于建党的意见。李大钊积极赞同，并开始进行建党的具体活动。同年10月，北京共产党小组正式成立。参加者有李大钊、张国焘等人。由李大钊从自己工资中拿出三分之二作为小组活动的经费，小组还经常在李大钊的办公室和家里这两个地方开会。后来，在李大钊领导下北京党小组将黄凌霜等无政府主义者清除了出去，纯洁了党的组织。并争取何孟雄等人放弃了无政府主义立场，加入了共产主义小组，小组还吸收了邓中夏、高尚德等共产主义知识分子。北京共产主义小组一成立，在李大钊领导下，立即投入了与工人运动相结合的道路。1920年11月，小组创办了《劳动音》周刊。它是对工人阶级进行社会主义宣传的通俗读物，很快在长辛店等地流传，很受工人欢迎。1921年1月，小组在长辛店开办了劳动补习学校，李大钊经常给予指导。邓中夏、张国焘等人常去讲课，向工人进行社会主义宣传，并借此接近工人，培养工人骨干，在李大钊和北京共产主义小组的启发下，北方工人的阶级觉悟提高很快。1921年5月1日，长辛店一千余工人举行了纪念五一劳动节的群众大会，会后进行示威游行，并成立了工会组织。继上海、北京党的小组成立后，济南、长沙、广州、武汉等地相继成立了党的小组。马克思主义同中国工人运动也得到进一步结合。建党的时机已经成熟。1921年7月23日至31日，各地共产主义小组选派的代表在上海召开了中国共产党第一次全国代表大会。李大钊因为北大正值学年终结期间，教务繁忙，未能抽身南下，便选派了张国焘和刘仁静代表北京小组出席大会。党的"一大"宣告中国共产党正式成立，李大钊作为党的创始人之一，为党的建立作出了不可磨灭的巨大贡献。

　　1921年7月中共"一大"在上海召开了，中共"一大"宣告了中国共产党的诞生，通过了第一个纲领和决议，成立了中央局，从此，一个光荣、伟大的无产阶级的政党诞生了。"一大"会后，李大钊主要负责北方的全面工作，陈独秀负责南方工作，所以历史上就有了"南陈北李"相约建党的说法，在李大钊的领导下，北方党组织得到了广泛而迅速的发展，这些党组织作为有力的辐射源，影响遍及全国，对使中国共产党成为全国性的政党，具有不可替代的重大作用。

→ 促进国共合作

★★★★★

（33 岁）

1922 年，共产国际在莫斯科召开了远东各国共产党和民族革命团体代表大会，会议期间，列宁带病接见了中共代表张国焘和国民党代表张秋白，询问了国共合作的可能性。

孙中山在袁世凯专制野心暴露后，一直没有停止为重新争取民主政治而进行的斗争。孙中山表示接受共产国际给他的帮助，愿意同中国共产党合作。但他不同意在中国建立苏维埃制度，也不同意采取党外合作的方式。这使国共合作在一开始就面临困难。李大钊在解决这一困难的过程中发挥了重要作用。

1922 年 8 月，中国共产党在杭州西湖召开了一次特别会议，会议确立了与孙中山领导的国民党建立联合战线的方针。

李大钊在林伯渠的陪同下，驱车赶到了孙中山先生的住处。早已迎候在门口的侍卫长面带微笑地说："大总统有令，李先生不用通报，请! 请……"

孙中山先生望着质朴、庄重，又有点像北方生意人打扮的李大钊，快步迎上来，紧

▷ 宋庆龄与孙中山

紧握住李大钊的手，爽朗地笑着说：

"不用介绍，您就是李大钊先生！"

李大钊望着鼎鼎大名的孙中山先生，年近六十，两鬓微白，但精神矍铄。李大钊觉得他就是一团火，瞬间把两颗陌生而火热的心融为一体。李大钊真诚地说："我对革命元勋逸仙先生一向怀有敬佩之情，相见恨晚啊。"

林伯渠站在一边，看着这两位初次相见却胜似多年老友、喜笑融融的情景，风趣地说："看您二位还没有落座，就已经进入正式话题了。"

"看我见到大钊先生高兴得都忘形了！来，我介绍一下……"孙中山先生指着早已站在身旁，长得端庄秀美的女士，微笑地说："这位是我的夫人宋庆龄女士。"

宋庆龄主动握住李大钊的手，微笑着说："欢迎您的到来，请坐下来谈吧。"

比孙中山年轻23岁的李大钊对历史、哲学，以及对国际革命运动、世界思想潮流，乃至民国政治建设、中国社会的症结等问题的见解引起孙中山的兴趣。孙中山也有许多新的思想要对这位年轻的共产党人讲解。两人谈意甚浓，说到孙中山的"建国方略"时，一连几个小时不止，竟忘记了吃饭的时间。

会谈中，李大钊反复阐述了国共合作的必要性和可能性，以自己精辟的见解和坦诚的态度，赢得了孙中山的信任。同时也得到了孙中山的高度赞赏和敬重，称赞他是真正的革命同志。宋庆龄后来也曾经回忆说："孙中山特别尊敬和钦佩李大钊，我们总是欢迎他到我们家来。"后来李大钊在《狱中自述》中曾经回忆：先生与我等畅谈不倦，几乎忘食，遂由先生亲自主盟介绍我入国民党。

李大钊成为第一个以个人身份加入国民党的共产党人。通过会谈，孙中山坚定了联共的决心，他开始冲破阻力，依靠国民党左派和共产党人改组国民党。以后，他数次邀请李大钊就改组等事项进行讨论，将李大钊视为挚友。在中国共产党"三大"期间，李大钊应邀同孙中山进行会谈，讨论了国共合作及广东革命政府的外交政策等问题，李大钊就此提出了许多有见地的意见。1923年10月中旬，孙中山又电邀李大钊赴上海，同廖仲恺一起准备国民党改组事宜，并委任李大钊为国民党改组委员。在李大钊等人的推动下，孙中山很快公布了国民党改组宣言及党纲草案，加快了改组的步伐，12月中旬，孙中山派李大钊返回北京，负责进行北京地区国民党的改组工作。1924年1月，李大钊再次应邀南下，赴广州帮助孙中山完成改组工作及筹备国民党"一大"。途中经过上海，出席了中共中央为决定共产党人在国民党"一大"上的态度而召开的会议。会议决定组织以李大钊为首的指导小组，领导出席大会期间党的工作，在国民党"一大"开会前夕，李大钊作为孙中山的亲密挚友，被指定为大会宣言审查委员会、章程审查委员会、宣传问题审查委员会的成员，是大会任职最多的人。对于大会宣言和党章这两个主要文件，李大钊倾注了许多心血。1月20日，国民党第一次全国代表大会开幕，李大钊被指定为大会主席团五名成员之一。在讨论《中国国民党章程》时，国民党右派极力反对共产党员"跨党"，引起了大会激烈争论。李大钊代表中国共产党发表了《意见书》，阐明了共产党员加入国民党的立场。他指出，中国"想摆脱列强的帝国主义及那媚事列强的军阀的二重压迫，非依全国国民即全民族的力量去做国民运动不可"。共产党员加入国民党，是"以贡献于国民革命的事业而来的"，"是光明正大的行为，不是阴谋鬼祟的举动"。驳斥了国民党右派的谬论，并获得国民党左派的支持。在共产党人和国民党左派共同努力下，国民党"一大"顺利通过了有关国共合作的决议，它标志着国共合作的革命统一战线已经建立起来。

仅仅在一年多的时间里，李大钊不辞劳苦，五跨长江，三赴上海，两下广州，为国共合作的实现而奔忙，最后于1924年1月，以中国共产党首席代表身份，参加了在广州召

▽ 孙中山等步出国民党"一大"会场

中国最早的马克思主义者

开的第一次国民党代表大会，宣告了国共合作的胜利实现。

1924 年 10 月，冯玉祥在北京发动政变，赶走了曹锟、吴佩孚的北京政府，自号"中华民国国民军"。李大钊积极争取冯玉祥，联合冯玉祥一起促请孙中山北上，促进全国的统一大业。孙中山同意北上并发表了《北上宣言》。1924 年 12 月 31 日孙中山抵京，由于身体不适，不能正常工作，在此期间，李大钊日夜辛劳。

1925 年 3 月 12 日，孙中山先生溘然长逝，带着"革命尚未成功，同志仍须努力"的殷切希望永远去了。

李大钊望着伟人的遗容，心碎了！他在巨大的悲痛中提就挽联："广东是现代思潮汇注之区，自明季迄于今兹，汉种孑遗，外邦通市，乃至太平崛起，类皆孕育萌兴于斯乡，先生诞生其间，砥柱于革命中流，启后承先，涤新淘旧，扬民族大义，决将再造乾坤，四十余年，殚心瘁力，誓以青天白日，满地红旗，唤起自由独立之精神，要为人间留正气；中华为世界列强竞争所在，由泰西以至日本，政治掠取，经济侵凌，甚至共管阴谋，争思奴隶牛马尔家国，吾党适于此会，丧失我建国山斗，云凄海咽，地黯天愁，问继起何人，毅然重整旗鼓，亿兆有众，唯工与农，须本三民五权，群策群力，遵依牺牲奋斗诸遗训，成厥大业慰英灵。"

→ 领导北方革命运动

★★★★★

（32—35岁）

中国共产党成立后不久，根据国际共产主义运动的经验，在上海、广东、湖南、湖北，特别是北方地区展开了大规模的工人运动。李大钊代表党中央指导北方的全面工作。李大钊坚持以开展工人运动为工作中心，深入厂矿铁路，亲自组织领导工农群众开展革命斗争，帮助工人建立工会组织，培训工人运动骨干。

一次，李大钊在邓中夏等陪同下来到工人的劳动补习学习学校的课堂上，上课的工人不约而同地站起身来，惊奇地看着这位头上戴顶黑礼帽，身穿着一件棉大袍的人，开始好奇地交头接耳、窃窃私语地议论起来。一位职工好奇地问："赵老师，我们可以知道这位老师的名字吗？"

"当然可以，我叫李大钊。"李大钊走上讲台，微笑着示意大家坐下。环视了一下这群衣衫破旧的工人，语重心长地说：

"工人兄弟们呀！你们要多学文化、学技术，咱们工人可不矮呀，你们可不要觉得自己比别人矮一截，工人够得上天那么高呢！"

说着，回身在黑板上写了一个"工"字，又在工字下面写了一个"人"字，然后转过来，认真地问：

"大家认识这两个字吗？"

"认识！工人！"大家齐声回答。

"那么，这两个字接起来又念什么呢？"

"天！"工人们齐声答道。

李大钊又勉励大家：

"对，大家看，你们是不是跟天一般高呀！工人阶级的力量是无比巨大的。"这些话给当时的工人们以极大的鼓舞。

一席话，仿佛湖水中激起了层层涟漪，工人们都想和这位老师多谈谈。李大钊也兴奋地坐到工人当中，和他们促膝长谈起来。

1922 年 10 月，李大钊派王尽美领导山海关铁路工厂大罢工，派何孟雄领导了京绥铁路大罢工，同期他还派张昆弟、史文彬到石家庄组织正太工业研究会传习所，以此名义开展工运斗争，在李大钊的领导下，中国北方地区掀起了第一次工人运动的高潮。

1923 年 2 月 7 日，京汉铁路工人举行大罢工，使工运发展到政治斗争与经济斗争相结合的新阶段。吴佩孚彻底撕下了"保护劳工"的假面具对罢工进行镇压，制造了震惊中外的二七惨案，林祥谦和施洋壮烈牺牲。二七惨案发生以后，由于反动军阀的血腥镇压，一些人产生了悲观畏难情绪，工人运动转入低潮。这种情况下，李大钊于 1923 年 12 月 20 日发表《艰难的国运与雄健的国民》一文，指出："历史的道路，不全是坦平的，有时走到艰难险阻的境界。这是全靠雄健的精神才能冲过去的。" 1925 年在"二七"两周年纪念会上，李大钊又适时发表了《吴佩孚压迫京汉劳工运动的原因》一文，要大家认清

中国最早的马克思主义者

△ 五卅运动工人罢工

军阀的阶级本性，也要对斗争中的曲折和牺牲有充分的思想准备。

1925 年 5 月，为了抗议日本资本家枪杀工人顾正红，上海人民举行了反帝大示威，英帝国主义公然向游行群众开枪，制造了震惊全国的五卅惨案，惨案引起了举国愤怒，上海、北京、广州、汉口等地纷纷爆发了大规模的反帝斗争，揭开了大革命的序幕。五卅惨案的消息传到北京后，李大钊立即着手领导北方区委组织群众掀起了反帝运动。6 月 3 日至 25 日，北方区委组织了三次游行示威，人数分别为 5

万、20万、30万。四郊的农民也赶来参加，这几次运动在李大钊和北方区委领导下，取得了很好的效果。李大钊还派赵世炎到天津、唐山等地领导反帝群众运动。同年8月，李大钊发表《大英帝国主义侵略中国史》一文，列举英帝国主义侵略中国的历史，号召全民觉醒，提出"吾人之运动口号为尊重民权、打倒军阀、打倒帝国主义三条"。在中国人民反帝运动迅速高涨的情况下，帝国主义企图通过骗局来平息中国人民反帝浪潮。1925年10月，段祺瑞执政府同英、美、法等国举行特别关税会议，讨论关税问题。这一骗局遭到人民的反对，中国共产党领导发起了关税自主运动，李大钊同北方区委对关税会议进行了揭露和批判，指出它根本不可能达到关税自主的目的。只有民众以自己的力量实行革命，打倒帝国主义与军阀，废除一切不平等条约以后，才能实现关税自主。北方区委先后组织了几次群众大会和示威游行，反对关税会议，力争关税自主。形成了声势浩大的反帝运动，促进了大革命高潮的到来。李大钊还很重视农民运动。他曾选派青年去广州参加农民运动讲习所学习。这批学员学成回来后，极大地推动了农民运动的发展。他指出，在中国，农民特别是贫农，是民主革命的主要动力。"中国浩大的农民群众，如果能够组织起来参加国民革命，中国国民革命的成功就不远了"。他还指出农民问题的核心是土地问题,提出"耕地农有"的主张。李大钊关于农民运动的理论是他对新民主主义革命理论的重大贡献,反映了他的远见卓识。李大钊还很关心少数民族地区的革命工作。1925年6月,为配合北方革命形势发展,李大钊派吉雅泰等蒙古族党员回内蒙开展工作。并派干部在绥远、察哈尔、热河、包头成立中共工作委员会。1925年下半年,成立了中共张家口地委,兼管热、察、绥特别区党的工作,为了团结内蒙古各阶层人民进行革命斗争,中共决定成立统一战线性质的内蒙古人民党,后改称内蒙古人民革命党,1927年大革命失败后解体。李大钊对内蒙古革命工作作了许多重要指示,促进了内蒙古革命的发展。1925年10月,北方区委在张家口召开内蒙古工农兵大同盟成立大会。李大钊、赵世炎主持大会,李大钊作了报告,特别强调蒙汉两族人民联合起来谋求解放的意义,大会选举李大钊为该同盟书记。同盟是党在内蒙古地区成立的第一个群众性组织，它的成立大大推动了内蒙古地区的革命斗争。之后，内蒙古革命运动蓬勃开展起来。

1925年11月23日，奉系军阀内部发生郭松龄倒戈事件，势力大受削弱。北京、天津及直隶等地区都掌握在倾向于革命的国民军手中。革命形势不断高涨。这些为党领导更大规模的斗争创造了条件。李大钊及北方区委决定利用此有利时机，在北京发起直接夺取政权的革命。可以利用冯、段之间矛盾，在张旅配合下，推翻段祺瑞执政府，李大钊同意了这个建议，决定由赵世炎任总指挥，领导这次起义。按起义布置，将于11月28日开始行动，分别夺取政府重要机构，使段政府陷入瘫痪，迫段下台，再召开群众大会，宣布成立北京临时国民政府和临时政府委员会。首都革命没有达到预期的目的，但它给段祺瑞执政府以沉重打击，显示了人民的力量，是我党夺取政权的第一次尝试。北方革命形势的迅速发展，引起了国内外反动势力的极大仇视。帝国主义与军阀密切勾结起来，企图扑灭革命的烈火。帝国主义的挑衅引起了中国人民极大愤怒，3月17日，在李大钊领导下，北京群众包围段政府，要求以强硬态度抵抗帝国主义的强盗行为。但遭段祺瑞执政府武力驱散。3月18日，北京总工会、学生总会等二百多个团体，十万多群众齐集天安门，召开示威大会，通过了反对八国通牒、驱逐八国公使等提案。

会后，组织了两千人的代表团，赴段政府请愿。

李大钊在出席北方区委会议之后，也赶来参加请愿队伍，并亲自打着一面大旗，走在队伍前列。当游行队伍进入执政府门前的广场时，反动军阀政府下令向群众开枪，并用大刀砍，当时打死群众四十七人，伤二百余人，造成震惊中外的三·一八惨案，李大钊当即组织群众撤退，自己也负了伤，当晚，李大钊召开了

△ 三·一八惨案死难烈士追悼大会

北京党、团会议，提出要将斗争坚持到底，并组织慰问伤员，抚恤、追悼死难者。三·一八惨案是北方大革命风暴的高潮，也是一个转折点，反动军阀已向人民举起了屠刀。

在领导工人运动的同时，李大钊深入研究农民问题，下大力气发展农村党组织，河北的第一个农村党支部，就是在李大钊的领导下建立起来的。1923 年 10 月，李大钊派遣弓仲韬建立了中共安平县台城特别支部，并任弓仲韬为书记。

1926 年 4 月 18 日，河南省农民协会成立。到 1926 年 9 月，顺义、平谷、乐亭、玉田、丰润、遵化等县都建立了中共党支部，成立了农民协会。开展了声势浩大的持久斗争。同时，李大钊还深入研究了土地与农民的问题，1926 年发表了《土地与农民》。他在文章中指出了农民是中国革命中极重要的力量，并进一步指出："中国浩大的农民群众如果能够组织起来，参加国民革命，中国国民革命的成功就不远了。"由此可见，李大钊在很早的时候，便已经认识到农民巨大的革命力量了。他又指出了解决农民土地问题的重要性。李大钊的这些精辟理论可以说为中国的革命起了领路的作用。

李大钊还十分关注军队和军事工作，注重军事人才的培养，他先后选送五十多名共产党员去黄埔军校学习，他们中间许多人，如刘志丹、王一飞、李运昌、张宗逊等，后

△ 刘志丹、王一飞、李运昌、张宗逊（左起）

来都成长为人民军队中的高级将领。其中李运昌就是乐亭县人，他的老家胡坨镇木瓜口村，和李大钊家大黑坨村离得很近。李运昌曾多次来到纪念馆，并由他出面策划成立了李大钊研究会。同时，李大钊还领导北方区委成立了军事运动工作小组，办了投考黄埔军校的党团员积极分子训练班，又派王若飞、宣侠父、魏野畴等分别开办军事学校，使党培养军事人才的工作取得很大进展。

李大钊精细工作，争取和改造旧军队。派谢子长、陈毅到川陕发展革命武装，派张兆丰到国民军三军中工作。为争取冯玉祥，1924 年底至 1925 年秋频繁与冯玉祥会谈，一方面帮助冯玉祥实行联俄政策，请苏联政府给冯玉祥在军事上援助，另一方面向这支封闭的旧军队注入新的革命思想，使冯玉祥开始倾向于革命。为了发展革命势力，进而统一全国，1926年7月广东国民革命军大举北伐，中国共产党予以支持。在战争中李大钊表现出卓越的军事才能。他以非凡的胆略为冯玉祥制定了"进军西北，解围西安，出兵潼关，策应北伐"和"固甘援陕，联晋图豫"的战略部署，使冯玉祥顺利到达潼关，于1926年9月17日成功地实现了五原誓师，宣誓进行国民革命，所率20万大军全军加入国民党，有力地推动了北伐战争的进展。

→ 苏联之行

★★★★★

（35 岁）

1923 年 11 月 24 日、25 日，李大钊到上海参加了中国共产党第三届第一次中央执行委员会会议。会议在研究选派代表赴苏联首都莫斯科出席共产国际第五次代表大会时，因中共中央总书记陈独秀已于前一年冬天到莫斯科出席了共产国际第四次代表大会，不再准备出席"五大"，遂一致推举党的另一位主要领导人李大钊率领中共代表团参加共产国际第五次代表大会。

共产国际第五次代表大会定于 1924 年 6 月 17 日在莫斯科举行，但中共中央接到会议通知，并由上海转发到北京时，已是 1924 年 6 月上旬了。这时，李大钊恰好不在北京，正在其家乡乐亭的邻县昌黎城北的五峰山韩文公祠躲避北洋军阀政府的缉捕。接到通知，李大钊立即由昌黎秘密回到白色恐怖笼罩的北京，在与其他代表会合后，于 6 月 12 日踏上了赶赴苏联开会的漫漫旅程。在离开昌黎前后，为筹措代表团赴苏联开会的经费，他曾找过在昌黎城里秉承新中学会宗旨，开办新中罐头食品有限股份公司的同乡挚友杨扶青，到哈尔滨后从新中罐头食品有限股份公司驻哈尔滨分庄取到了杨扶青慷慨资助的 500 元银币。李大钊等人在哈尔滨停留几日，乘火车转赴满洲里寻找秘密接头人，继而由满洲里坐骡车偷越国境线，到达苏联境内。

此时，明媚的阳光照耀着辽阔的原野。原野上不时地出现一排排村落，好客的人们热烈地向异国朋友招手⋯⋯

望着这片美丽的国土，呼吸着这里新鲜自由的空气，李大钊的心里有一种说不出的滋味。曾几何时，自己想来到这个美丽自由的国度，想看一看伟大导师列宁的愿望是何等强烈啊！今天，梦想终于实现了，可是李大钊又情不自禁地想起了自己灾难深重的祖国。在那里，兵荒马乱，山河破碎；在那里，人们过着牛马不如的生活，为什么？山的这一边，安静祥和；山的那一边，兵戎相见⋯⋯这一切在李大钊的脑

△ 李大钊在莫斯科

海中飞速地闪现着，一个声音在他的心中响了起来：

"我别无选择！拯救中国，拯救人们，义不容辞！"

之后，他们又改乘穿越亚欧大陆连接地带的长途旅客列车，顺铁路线赶往莫斯科。一行人又走了七个昼夜，直至6月下旬才到达莫斯科。

实行社会主义制度的苏联，是李大钊心仪已久之地。在到达莫斯科三个月后写的"赤都通讯"《苏俄民众对于中国革命的同情》中，他用异常优美的笔调追述了自己到苏联的行程："曩昔披读地理，一说到西伯利亚，辄联想及于遐荒万里绝无人烟的景象，以为其地必终岁封于冰雪，荒凉枯寂，无复生气，乃今一履其境，却大有不然者。自满洲里以迄莫斯科，森林矗立，高接云霄，火车行于长林丰树间，入眼均有郁苍伟大之感。景致之最佳处，为贝加尔湖畔山巅的白雪，平野的青松，与湖里的碧波相与掩映，间有红黄的野花点缀于青青无垠的草原，把春、夏、秋、冬四季的景物都平列于一时一处，真令悬想西伯利亚为黄沙白草终岁恒寒之域者，不能不讶为绝景也。"文中还写道："自满洲里来莫斯科，约经七昼夜可达。在此漫漫长途中，只有手一卷以为消遣，偶或探窗以观此幽深伟大绵延万里的长林，故不觉旅中的倦苦。"他所说的"手一卷"，是指他在离开五峰山时从陪伴自己到昌黎山中避难的长子李葆华手中要来的一套《镜花缘》。他后来把这套书送给了在莫斯科东方大学学习的中国留学生。

在莫斯科他发表了《中国的民族斗争与社会斗争》报告。当时出席共产国际第五次代表大会的有"全世界五十余个民族的共产党代表"，可谓是全世界共产党人的盛会。

当时，出席这次大会的中国共产党代表团，李大钊是首

△ 王荷波　　　　　△ 刘清扬

席代表，此外还有与李大钊一起前往赴会的王荷波、刘清扬等其他代表。

在起程去苏联的路上，李大钊给自己起了一个化名，叫"李琴华"。因而，在出席共产国际"五大"的中国代表团名单上，李大钊登记的是"琴华"的俄文译名。

1924年7月8日，发表了《致东方各国和殖民地的兄弟人民书》的共产国际第五次代表大会胜利闭幕。李大钊参加了在莫斯科国际大剧院举行的闭幕式，响彻整个会场的悲壮的《国际歌》，使他周身的热血沸腾。

俄罗斯国家社会政治历史档案馆里，长

期保留着一段李大钊于 1924 年 9 月 22 日在莫斯科国家大剧院发表讲演的电影镜头。

李大钊日常生活

★★★★★

让孩子们劳动

一年冬天，大雪纷纷扬扬下个不停，院子里像铺了一层厚厚的棉絮。李大钊对儿子和女儿说："雪下得多大啊，你们快拿着扫帚到院子里去扫雪吧。要是高兴的话，堆个大雪人也好。"孩子们的外祖母心疼小外孙："天这么冷，你还叫孩子们去扫雪，要是冻病了可怎么办？"李大钊笑着说："孩子应当从小养成吃苦的习惯，免得长大了什么也不会做。身体经常活动，也会增强抵抗力。待在家里不动弹，就更怕冷了。"说完，他和孩子们拿了簸箕与扫帚，走到院子里。他一面扫雪，一面对孩子说："将来谁也不能当寄生虫，谁要是不劳动，谁就没有饭吃！"孩子们边扫雪，边听父亲讲新奇的故事，一点儿也不觉得冷，反而是越扫越有劲儿。

尊重孩子

有一年夏天，李大钊从北京回河北老家歇暑假，给孩子们每人买回一包礼物——笔、墨和方格字帖。孩子们很是高兴，立即研墨展帖，端端正正地坐在八仙桌前写了起来。李大钊的女儿李星华生平第一次临帖写大字，所以她左临一张，看看不像，右临一张，看看还是不像，气得她放下笔，躲到后院里偷偷地抹眼泪。这时李大钊和妻子发现星华在哭，但摸不清她为什么哭。妻子正要张口问星华，却被李大钊拦住了。他说："女孩子的心理是很难揣摩的，你要是问她为什么哭，她不会告诉你的，所以不要硬逼着问她。"妻子莫名其妙。李大钊接着说："我记得在一本什么书上看过：一个很可爱的小女孩，一不留神，用小刀划破了自己的手指，这个小女孩立即把伤口包了起来，生怕别人包括自己的爸爸妈妈发现，直到伤口长好了才给人看。你说这是一种什么心理呢？这就是女孩的一种自尊心和好胜心，你明白了吗？"妻子恍然大悟。过了一会儿，李大钊把小星华叫来，一同走到八仙桌前，指着星华写的字帖微笑着说："你的字写得很好，有点像魏碑帖上的。因为这是你第一次临帖，写得还不大整齐。笔画有的地方粗，有的地方细；字有的个儿大，有的个儿小。要是天天耐心练习，就一定会写好的。你看，你哥哥写得也不整齐呀，可是他不着急，沉得住气，只有这样，将来才会把它慢慢地写好。"

为音乐陶醉

李大钊家中堂屋的北墙上，挂着一张富

有诗意的画，画中有位少女怀抱琵琶在演奏，各种飞禽走兽闻声而来。李大钊十分欣赏此画，他绘声绘色地对孩子们说："你们看，音乐的力量有多么大！这个弹奏乐器的姑娘，只要手指轻轻拨动，就能引来美丽的孔雀、高傲的仙鹤、凶猛的狮子、老虎，还有各种叫不上名堂的鸟兽，它们一个个都被音乐陶醉了。人就更不用说了。音乐不仅能陶醉人，而且还能鼓舞人心。"

坚持斗争 从容就义

(1926-1927)

→ 黑云压城

★★★★★

（37 岁）

通过在莫斯科几个月的参观学习，使李大钊更加坚定了学习苏联，领导中国走社会主义道路的决心。1924 年 11 月，李大钊回国以后，继续领导北方区委的工作。1925 年 1 月在中共"四大"上，李大钊继续当选为中央委员，担任北方区委书记。在他的领导下，北方党组织不断壮大。1926 年 3 月 18 日爆发了震惊中外的三·一八惨案，鲁迅把这一天称为"民国以来最黑暗的一天"。李大钊亲自参加并领导了这次运动，然而就在次日，也就是 1926 年 3 月 19 日，段祺瑞执政府竟以"借共产学说，啸聚群众，屡肇事端"为由，下达了对李大钊等人的通缉令，李大钊在大学中的行动也受到了严密的监视。为了保存和发展革命力量，李大钊将国共两党北方领导机关迁入东交民巷苏联大使馆西院的原俄国兵营内，在白色恐怖中，继续坚持斗争。

1926年4月，直奉鲁豫联军荷枪实弹、杀气腾腾地开进了北京。联军随即公布的治安条例里特别规定："宣传赤化，主张共产，不分首从，一律死刑。"

《京报》社长邵飘萍、《社会日报》主编林白水先后遇害。四百余名爱国学生上了被通缉的黑名单，李大钊被视为北方的头号"赤敌"。

眼下，李大钊又在哪里呢？

李大钊当时并没有离开北京，就待在东交民巷，距离被张作霖当做大元帅府的顺承王府不远。

自打1901年《辛丑条约》签订以后，东交民巷一直就是各国驻华使馆区和兵营的所在地。1926年三·一八惨案发生后，段祺瑞执政府严令通缉李大钊等人。为了躲避通缉，李大钊带着两党机关以及一家老小，搬进了苏联使馆地界上的俄国兵营（现在的"苏联豁子"巷以西），此后再也没有公开露面。

苏联使馆东边，隔着御河就是日本使馆。站岗的日本卫兵最早注意到苏联使馆不大对劲儿，常有中国人频繁出入。苏联使馆的西边毗邻一家法国医院，这家医院的工作人员听到隔壁俄国兵营的院子里半夜老有动静，有什么人深更半夜里讲话和争论，仿佛忙得顾不上休息，也不知疲倦。

1926年夏天，暂避在俄国兵营里的李大钊的确很忙。此时，国民军与"讨赤"联军正在北京南口鏖战，同时，国民革命军从广东誓师北伐，一路战火不休，信息不畅。坚守北京的李大钊就成了连接南北革命斗争的关节点。一条条军事情报、政治情报汇聚到俄国兵营里那座小院，再秘密地分转出去。情报的正面写上些不相干的话，背面用牛奶书写，火一烤才显得出字迹。

苏联使馆里的"动静"引起了法日使馆的注意。不知是有意还是无意，他们将这一发现告诉了当时张作霖的安国军总司令部外交次长吴晋。吴晋曾经在法国炮兵工程学校留学，任过驻法国使馆参赞，是个亲法派。他很快将"苏联使馆内可能有赤色活动"的消息汇报了上去。

从此东交民巷里就多了一些一天到晚趴活儿的"车夫"，眼睛一刻不离地盯着东交民巷西口北边的苏联使馆。

李大钊住在俄国兵营是许多人知道的事情。但他的具体地址三十号院，只有少数领导同志才晓得。

当时已是冬去春来。在李大钊身边负责使馆内外联络工作的阎振山，有一天出去送信再也没有回来。送信、取报工作就由帮大家做饭、打杂的张全印肩负起来，可没过几天，张全印上街买菜的时候也失踪了。而大家还不知道，京师警察厅派出的四名暗探早已借招工之机扮成杂役混进了俄国兵营，专盯着兵营里中国人的一举一动。

但只凭所收集到的表面情况，警察厅还不敢贸然行动。

1927年3月的一天，警察厅里突然躁动起来。东交民巷有情况！

警察迅速赶到，当场拘捕七人，搜出了正在分发的秘密传单。恐怖随即蔓延开去，党的六处秘密机关暴露，一百多人被捕。反动军警一下来了精神，"京师警察厅"司法科长沈维翰亲自出马，连续审讯了三个昼夜，在严刑之下，被捕的个别党内高级干部叛变投敌，出卖了李大钊等同志的隐蔽之地。

进入4月，内外情况都摸清楚了，敌人随时可能收网。但直到最后一刻，李大钊其实还有脱身的机会。

张作霖一直有个很大的顾虑：全副武装冲进去抓人，这在东交民巷使馆区的历史上尚无先例，就算是打着"讨赤"的旗号，列强们能答应吗？为防横生枝节，张作霖决定先派人与苏联之外的各国使馆联系。

4月4日，直鲁联军的总参议杨度听到了一条惊人的消息。杨度此时是联军总参议，暗地里却帮着国民党在各军阀之间周旋。那天，杨度去北京太平湖饭店参加朋友女儿的婚宴，正好碰上了当过外交部总长的汪大燮。杨度有意无意地攀谈："外交方面可有新闻？"汪大燮回答："亦可说有，亦可说无。""此话怎讲？"杨度追问。汪大燮说："张大帅已经派我与东交民巷的外交使团打了招呼，政府要派人进入俄国兵营搜查，望各国公使谅解。"

得知此讯，杨度找了个托辞，赶紧离席。汪大燮并不知道，杨度早在1922年就在孙中山家里结识了李大钊，还常常利用自己的关系，帮助李大钊了解军政内幕。俄国兵营里住着李大钊，杨度是知道的。当晚，杨度就把从汪大燮那里听来的消息告诉国民党北京特别支部书记胡鄂公，并传进了俄国兵营。据说，接到消息，四名革命者马上离开了俄国兵营。可惜的是，李大钊却没有走。

王德周（追随李大钊多年，当时是党在天津的负责人）有一段回忆："在1927年元旦，我和李先生谈，北方区办公地点需要赶快想办法，因为在帝国主义势力范围以内，去进行打倒帝国主义，是最危险的事情，应趁早迁出。当时李先生的答复是：不要太胆小了，中国军阀看帝国主义，那是无上的，东交民巷，不容许中国武装入内，是载在条约上的，哪能例外呢，他们对我们是没有办法的。"

△ 杨度

李大钊之女李星华回忆："那些日子里，父亲格外忙。我们住的那座院落后面，有一个僻静的小院子。父亲和他的同志们在那里生起一个小火炉，一叠叠的文件被父亲扔进熊熊的炉火中。"既然已经在销毁文件，就说明已经做了最坏的准备。

其实，早在杨度之前，就不断有同志、学生、亲人、友人劝李大钊离开北京，也不断有人在李大钊的安排下到南方参加北伐战争,或者被派往苏联学习。李大钊却总说:"我不能走, 我走了, 北京的事谁来做呢?"

与革命事业相比, 李大钊觉得自己的安危是次要的。

→ # 目光和悦, 慨然赴死

★★★★★

（38 岁）

因为涉及外国使团, 警察厅这次的行动可谓煞费苦心。

动手前, 为保万无一失, 他们派出一个名叫吉世安的警察, 最后一次确认李大钊在不在俄国兵营里。这个吉世安从译学馆毕业后, 曾被分配到京师警察厅做外事工作, 跟驻华的各国使馆都有公私来往。

他跑到苏联大使馆，先以私人关系找到了使馆秘书毕德诺，假称自己跟李大钊是朋友，有封信要交给李大钊，但他自己不便跑到俄国兵营里去，想请毕德诺代转。

所谓的信其实就是便条一张，上面写着"外面对你风声甚紧，请多加注意"，没有上下款。毕德诺一看也没多想，就叫了自己的中国仆人来，让他把信送到西院的俄国兵营，交给李大钊。吉世安由此确定，李大钊的确在俄国兵营里。安国军总司令部便命警察总监陈兴亚、宪兵司令王琦等人第二天马上动手。

1927年4月6日，恰好是清明节，天清气朗。一早起来，星华和妹妹高高兴兴地换上了新夹衣。母亲赵纫兰带了星华的妹妹去兵营空场上散步，星华坐在外间长椅上看报，李大钊在里间屋里伏案工作。

包括吉世安在内，京师警察厅这天派出了三百多人的行动队伍。带头的人揣着一份正式公文，公文上称："苏联使馆内的远东银行、中东铁路局办事处、庚款委员会等处有共产党阴谋暴动的组织机关，须立即搜捕，事出紧迫，请各国公使准许。"

这当然就是做个样子，因为张作霖早已获得了以驻京公使团团长、荷兰公使欧登科为代表的各国公使的默许。据说，这位张大帅派人对公使团一通吓唬，说是苏联使馆里至少有四千多支枪械，共产党可能要搞暴动，对公使团很不利。对红色苏联本就充满敌意的公使团，也就以"苏联不在辛丑条约签字国之列"的托辞答应了。

后来发生的事情，当时的《晨报》上有详细的记载：上午 10 时 30 分左右，东交民巷东西北各路口突然来了许多洋车夫和穿便服的行路者，过往行人都觉得不大对劲儿。11 时，一百五十多名警察、一百多名宪兵全副武装，从警察厅出发分路直扑东交民巷。一部分人把守各路口，剩下的人包围了苏联大使馆。

李星华当时就和父亲在一起，她在回忆录里清晰地记录下当时的情景：

"不要放走一个！"粗暴的吼声在窗外响

起来，喊声未落，穿着灰制服、长筒皮靴的宪兵们，穿便衣的侦探和穿黑制服的警察就蜂拥而入，一瞬间挤满了这座小屋子……一个坏蛋立刻冲到跟前把父亲的手枪夺过去了。

△ 李大钊妻子赵纫兰

在这许多军警中间，我发现了被捕的那位工友阎振山，被绳子牢牢地拴住胳膊……他们把他带来，当然是叫他认人的。那个身材粗大、满脸横肉、长着一双恶狼般眼睛的便衣侦探指着父亲问阎振山："你认识他吗？"阎振山只简单地摇一摇头，表示不认识。"哼！你不认识？我可认识他呢！"胖侦探狡猾而阴险地一笑。

同时被捕的还有共产党员、国民党左派、赵纫兰母子等几十人（史料记载有60余人，97人、88人等提法），以及苏联使馆工作人员16人。

吉世安在解放后交代说，他们闯进去时，屋内正在烧文件。但文件只烧毁了很少一部分。因为是上等纸印的，不爱着火，没有烧透。而且，火很快就被扑灭了，因为抓捕队居然是带着消防车来的！消防队员还特别装备了水银，用水银灭火，以防对纸质的文件造成损害。

据说，当天从苏联使馆里拉走了七车文件。

李大钊被捕后，多次被审讯，对他进行威逼利诱。李大钊始终大义凛然，坚贞不屈，他没有说出一句有损党的荣誉、有损革命利益的"供词"，没有向敌人泄露党的任何机密。连当时敌人的报纸也不得不说，李大钊受审时"精神甚为焕发，态度极为镇静，自称为马克思学说之崇信者，故加入共产党，对于其他之一切行为则谓概不知之"。敌人无可奈何地向报界承认"李无确供"！敌人威逼利诱兼施。张作霖的总参议杨宇霆亲自前来劝降，妄图用高官厚禄来收买李大钊。李大钊严词答道："大丈夫生于世间，宁可粗布以御寒，安步以当车，就是断头流血，也要保持民族的气节，

111
坚持斗争 从容就义

绝不能为了锦衣玉食，就去向卖国军阀讨残羹剩饭，做无耻的帮凶和奴才！"面对李大钊的凛然正气，敌人只得灰溜溜地收场。

李大钊的被捕，在社会上引起了极大的震动，也引起了当时苏联政府和苏联人民的抗议。莫斯科人民举行游行示威，在列宁格勒、海参崴等城市也召开了群众大会。在国内，北方铁路工人提出要劫狱，营救李大钊，并组织了劫狱队。教育界、学者、名流和李大钊的同乡，均起而营救。京津"各报社评，皆暗为守常呼吁"。4月9日，北京九所国立大学的校长讨论营救办法。12日，北京国立、私立25所大学的校长又进一步讨论营救办法。但是当李大钊得悉后，坚决反对、制止。他说："我个人为革命、为党而牺牲，是光荣而应当，且已经是党的损失……我不能再要同志们来作冒险事业，而耗费革命力量，现在你们应当保存我们的力量……不要使革命力量再遭损失。"在这生死攸关的严重时刻，李大钊依然念念不忘的是如何保存革命实力，而全然不顾个人的安危。他在《狱中自述》里豪迈地说："钊自束发受书，即矢志努力于民族解放之事业，实践其所信，厉行其所知，为功为罪所不暇计。"为了开脱同案人员，他还写道："倘因此而重获罪戾，则钊实当负其全责，唯望当局对于此等爱国青年，宽大处理，不事株连，则钊感且不尽矣。"

4月9日，政府校务讨论会席间提议"李大钊虽属共产党员，究系迷信学说，与故意

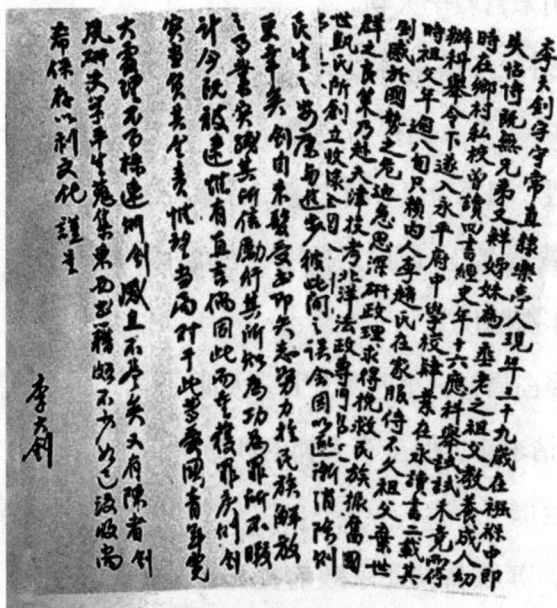

△ 李大钊《狱中自述》手迹

扰乱治安者情形微有出入，应请当局略迹原情，贷其一死"。九所国立大学校长商定自 10 日起分途营救。北大校长余文璨、师大校长张贻惠随后前往文昌胡同 8 号拜访张学良。

政府政治讨论会也在 9 日召开，全场推举讨论会会长梁士诒、杨度为代表，赴顺承王府向张作霖陈述意见。第二天，两人约同当时的司法总长罗文干一同会见张作霖，杨度将自己在北京的爱宅"悦庐"变卖，所得的四千多大洋全部用来营救李大钊。

章士钊则找到了张作霖身边的红人、奉系元老杨宇霆，历数李大钊得名之盛，言辞恳切地奉劝杨宇霆"切不为以一时之意气，杀戮国士，而遗千载恶名"。据说，杨宇霆"闻之悚然，乃向张作霖陈说"。

河北乐亭同乡白眉初、李时等三百多人此时联名上书陈情，请求军方保全李大钊的性命，并先行释放赵纫兰母子。

事件一发生，苏联就向北京政府提出严正抗议。苏联代表驻华大使率领馆员三十余人数日后离华，扬言断交。苏联首都莫斯科发生了十万工人、职员大游行，抗议军阀擅闯大使馆，行凶抓人。

最重要的证据其实就是从使馆搜得的大批文件，有中文的，大部分都是俄文的。

以伪造和篡改方式，将在苏联大使馆搜出的文件编印了一本《苏联阴谋论汇编》，作为反苏反共和杀害李大钊等烈士的"罪证"，但随着历史的推移，经过严谨的考证，篡改和伪造终于大白于天下。

李大钊光明磊落，问到后来，他干脆说："你们拿纸笔来，我自己写好了。"于是，就有了后来被广为传诵的《狱中自述》。对于共产主义学说，李大钊承认"崇信不讳"。

字里行间，一个坚定的马克思主义信仰者跃然纸上。

力主"讨赤反共"的张作霖想要的绝不是这些。他甚至派出自己手下、李大钊的同乡杨宇霆做说客，许以高官厚禄，但也没能从李大钊口中得到苏联"赤化"中国的证据和共产党组织工农运动的情况。所以，警察厅一方面对外界宣称"李大钊口供颇多"，另一方面也不得不灰溜溜地承认"李无确供"。

"李无确供"怎么判刑？张作霖似乎也没了主意。张作霖的亲信杨宇霆也建议保李大钊性命，认为李大钊本为北方著名学者，不如判个终身监禁，让他在奉天的监狱里继续研究《资本论》。

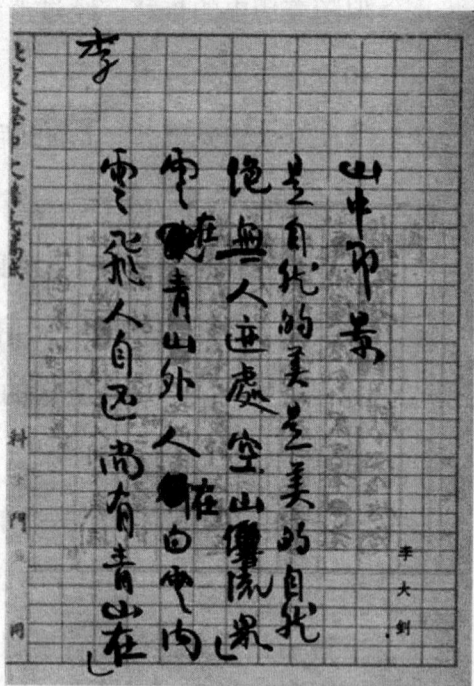

△ 李大钊的《山中即景》诗稿手迹

4月23日，张作霖最终决定派参议何丰林就任审判长，组成由军方一手控制的特别法庭。

4月28日上午，特别法庭突然开庭，草草审理了70分钟,便判处李大钊等20人绞刑，立即执行。

李大钊在狱中22天，敌人对他进行了多次秘密审讯，百般折磨。但是酷刑只能折磨革命者的肉体，却动摇不了革命志士忠于信仰的钢铁般的意志。为了从李大钊口中得到党的机密，敌人又让赵纫兰带着子女与李大钊相见，想用亲情打动他，据李大钊的长女李星华后来回忆说：“父亲瞅了瞅我们，没有对我们说一句话，脸上的表情安定、沉着。似乎他的心并没有放在我们的身上，而是被另一种伟大的力量笼罩着，这个力量就是他平时对我们讲的对于革命事业的坚定信念。”

1927年4月28日上午，京师警察厅总监陈兴亚私宅门口戒备森严，把门的法警们荷枪实弹，如临大敌。由于反动当局十分害怕革

坚持斗争 从容就义

命，害怕群众，所以在陈兴亚的客厅里对李大钊等 20 名同志进行了秘密审判。

中午，反动当局将李大钊等 20 名同志又押回"京师看守所"，看守所里杀气腾腾，持枪的法警们布满了各个角落，面目狰狞。

在京师看守所的后院里，竖着一个绞刑架，这是张作霖专门从国外运回来的，以此对付忠心耿耿的革命者。院内肃然无声，充满令人窒息的恐怖气氛。

李大钊拖着被酷刑折磨的身体，但仍然带着凛然不可侵犯的威严目光。李大钊面对竖立在眼前的绞刑架，仍然那样的平静、沉着。他十分自信地说：

"不要说了！"

法官心慌了："谁第一个上绞刑架？"

李大钊坦然走到绞刑架下，他要求演说，敌人不允许，他就大声叫喊，准备用生命的最后一刻来继续唤起民众。他高呼："共产党万岁！"但是执刑的人蛮横地向他脸上挥拳，并把他推进一个发亮的金属制的长方形架子中，架子的上边正中有一个小圆圈正卡在颈中，旁边有一把柄，刽子手握住把柄，实施绞刑，共进行了三次，施刑长达 40 分钟之久。刽子手们就用这种惨无人道、灭绝人性的手段杀害了李大钊。紧接着范鸿劼、谭祖尧等 19 位革命志士也都献出了宝贵的生命。

△ 1927年4月28日下午李大钊在就义前与难友路友于（左）、张挹兰（右）合影

坚持斗争 从容就义

李大钊，这位年仅 38 岁的革命先驱者，被反动派无情地杀害了。

如今，我们唯一能够确定的是李大钊临终前的模样，有就义前为其拍摄的照片为证。照片上的李大钊身着布棉袍，淡定从容。

赵纫兰母子在李大钊被害当天获释，第二天才知噩耗。报纸上说"李大钊身后事凄凉，李妻闻耗悲痛而泣，气绝复苏者数次，病乃愈益加剧以致卧床不起，小儿女五人环榻哀号，其孤苦伶仃之惨状，见者莫不泪下"。

李大钊牺牲后，由于当时的环境，灵柩长期存放于宣武门外福佑寺。1933 年，在北平地下党的周密安排下，北平人民为李大钊举行了隆重的葬礼。李大钊出殡的前两天，党组织负责同志找北平法学院学生李时雨谈话，指示他组织好李大钊的出殡活动，特别是护卫好灵柩安全地送到万安公墓。经李大钊的乡亲、一位姓乔的女同志的引见，李时雨见到了李大钊的夫人赵纫兰。乔同志向李夫人介绍时，说李时雨是李氏家族中的晚辈，现特来送葬，帮助做些工作，他们商定好，送葬时，李时雨头戴白色孝帽，专扶李大钊十多岁的小儿子，紧跟灵柩，不离寸步。这既是防备军警驱逐的措施，免得他像一般群众那样被驱散；同时也考虑到，万一他被捕，也可以说是李大钊的远房亲属，比较容易解脱。李大钊的葬礼于1933年4月28日清晨举行。这天，长椿寺前殿里设了灵堂，中间挂一横幅，前后左右悬挂了许多挽联，两旁摆放了大量花圈。奏哀乐、读祭文之后，气氛十分悲壮肃穆。礼毕起灵，覆盖着绣有蓝色花朵棺罩的烈士灵柩，在群众的簇拥下，缓缓地被抬出长椿寺。李时雨扶着李大钊的小儿子，同赵纫兰及其亲属们紧随灵柩，后面跟随着数百名送葬的群众。大家胸戴白花，臂缠黑纱，一些同志抬着李大钊的画像，扛着花圈、挽联和挽词，边走边向路边行人撒传单并高呼口号。灵柩抬过宣武门后，送葬群众已增至千余人，到西单时，只见不少群众在路旁摆出了祭桌。这时，宣读祭文声、燃放鞭炮声以及呼喊口号声连成一片，震撼着半个北平城。行至西单北大街时，李时雨回头往南一瞥，只见人山人海，望不到边。队伍行至甘石桥，有人把早已准备好的绣有镰刀斧头的红旗，覆盖在李大钊的灵柩上。这时，反动军警从四面八方冲击送葬的群众，他们像疯狗一样，踢翻了祭桌，殴打朗诵祭文的人，用枪托子打散送葬的群众。他们打伤了数百人，逮捕了几十人。李时雨始终扶着李大

▽ 李大钊陵园

钊的小儿子及亲属们，坚持把灵柩护送到万安公墓。李大钊的墓碑是在红瓦市路东一个石匠作坊定刻的，天未亮时就雇了辆小驴车送出城门放到万安公墓。墓志铭是：先生李大钊，字守常，河北乐亭县人，生于清光绪十五年十月六日，死于民国十六年四月二十八日，春秋三十九岁。下面刻着子女的名字。李大钊的出殡，可以说轰动一时、极其悲壮的一次群众运动。它不仅告慰了忠魂，安葬了烈士遗体，而且进一步揭露控诉了反动派的残暴。虽然这次出殡遭到反动派的残酷镇压，但它更激起了群众的义愤，其影响是很大的。

李大钊正是用自己坚定的共产主义信仰、高尚的道德情操和伟大的人格奏出了自己生命最壮烈、最灿烂的乐章。

后　记

精神永存

绝美的风景多在奇险的山峰，绝壮的音乐多是悲凉的韵调，高尚的生活常在壮烈的牺牲中。

李大钊的声音至今还在我们耳畔回响。

李大钊在他短暂的生命历程中，率先在中国讲授和传播马克思列宁主义，把马克思主义与中国工人运动相结合，创立中国共产党，直至献出宝贵的生命，在寻求真理的伟大实践中展现了异彩纷呈的精神世界和人格魅力。

李大钊所处的时期，爆发了辛亥革命。在中国革命的呼唤下，他慷慨悲思投笔写下了《隐忧篇》，指出新共和国"隐忧潜伏，危机万状"。同时，他认识到辛亥革命失败的原因，是帝国主义与军阀的勾结。并提出用发展国民教育的方法来解决人民苦难与提高人民的觉悟的救国之路。同时主张发展工商业。正是他"奋其奔走革命之精神"使他在倒袁护国、特别是五四运动中，展示了反对帝国主义的斗士形象。

在中国先进知识分子向西方寻求真理的热切期盼中，李大钊东渡日本留学。身处异国他乡的李大钊直接感受到了辱国之耻和败国之痛。日本公然提出灭亡中国的"二十一条"，遭到中国人民的强烈反对和奋起反抗。在日本留学的李大钊立即奔赴各地，组织留日学生，成立"留日学生总会"，发表宣言，公开树起反日反袁的大旗。在此期间，他编印了《国耻纪念录》，撰写了《国民之薪胆》、《警告全国父老书》等反日讨袁檄文。正是这坚忍不拔、百折不挠的爱国主义精神激励了中国人。

李大钊在担任《晨钟》报主编、《甲寅》日刊编辑、《新青年》杂志编辑部工作中，撰写了《"晨钟"之使命》《青春》《吟》等文章，宣传科学民主，批判厌世的人生观。同时，着力创造和宣传其青春的宇宙观。青春，是革命，是战斗，是活力和希望。青春精神的使命是创造"青春之中华"。青春之中华是他的理想，也是他一生奋斗目标。"青春之气，万古长青"。

李大钊不但探寻、宣传、坚持真理，而且理论联系实际，致力于马克思主义与中国实际相结合，为了践行马克思主义的理论，李大钊创立中国共产党，并领导党开展社会主义运动。

李大钊的革命活动，使敌人仇恨、胆寒，并置于死地而后快。1927年，李大钊被捕，"闻李大钊受训时，直认真姓名，并不隐讳。态度甚为从容，毫不惊慌，彼自述其信仰共产主义之由来……俨然一共产党领袖气概"。在死亡的威胁下，为了党的事业，民族的大义，他献出了年轻的生命，视死如归的精神鼓舞着一代代共产党人。

李大钊是北京大学的教授，是文人，是学者。作为文人、学者他具有中国知识分子的傲骨和高尚人格。"铁肩担道义，妙手著文章"既体现了他的社会责任感，也展现了作为革命知识分子的道德风范。李大钊找到真理，成为中国第一个伟大的马克思主义先驱以后，就承担起研究宣传马克思主义关于社会发展规律学说，展望人类社会的未来发展的任务。

我们生活在李大钊一生为之追求、探索和献身的社会主义国度，时代发生了翻天覆地的变化，但是李大钊精神仍然是我们民族、我们国家和我们党的巨大文化遗产，是蕴涵着丰富精神食粮的宝库。建设具有中国特色的社会主义需要信心、奋斗和创新，李大钊精神现在和将来都是我们的灵魂支撑和力量之源。